**Gebrauchsanweisung
für Mallorca**

Wolfram Bickerich

Gebrauchsanweisung für Mallorca

Piper München Zürich

Mehr über unsere Autoren und Bücher:
www.piper.de

ISBN 978-3-492-27570-5
© Piper Verlag GmbH, München 2009
Karte: cartomedia, Karlsruhe
Gesamtherstellung: CPI – Clausen & Bosse, Leck
Printed in Germany

Für Brigitte

Inhalt

Die Krone des Mittelmeers.   **9**
Malle für alle

Ein Schleuderkurs.   **18**
Von Steinen und Mallorquinern

Die friedlichen Invasoren.   **32**
Besucher, Bewohner, Ballermänner

Feste Feste feiern.   **49**
Firas und Fiestas

Tords, *toros* und Toreros.   **61**
Von Tieren und Menschen

Den Winden ausgesetzt.   **73**
Was aufrecht steht

Bon profit! *Wie arme Leute essen*	**83**
Von Eseln und Kreiseln. *Verkehrsteilnehmer*	**97**
Do ut des. *Vom eigenen Vorteil*	**111**
Die etwas anderen Ämter. *Verwaltung, Macht, Unsinn*	**121**
Exekutive und Exekution. *Gewinner und Verlierer*	**138**
¿Habla español? – ¡Parla català! *Der absurde Sprachenstreit*	**150**
»Ein Winter auf Mallorca«. *Kunst, Kultur und Tristesse*	**159**
Der Salon Europas. *Mallorca i fora Mallorca*	**171**

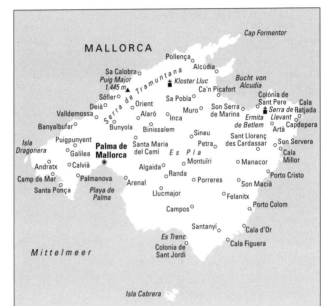

Die Krone des Mittelmeers.

Malle für alle

Ab auf die Insel! So freuten sich früher, wenn sie reif für die Insel waren, die Hamburger auf den Trip nach Sylt und die Rhein-Ruhrländer auf die Fahrt zur Nordsee. Auch heute dauert so eine Reise gut drei Stunden, wenigstens.

In der gleichen Zeit ist man heute täglich von (fast) allen deutschen Flughäfen aus auf jener Insel, die mehr Sonne, mehr Meer, reichlich Strand, mediterrane Lebensart, viel Natur und noch viel mehr eindrucksvolle Landschaft zu bieten hat – auf der einzigen Insel (nicht nur) der Deutschen, die das zärtliche Attribut einer *Lieblingsinsel* verdient und verträgt: Mallorca. Eine Insel der Vielfalt.

Vergessen ist der blöde, von neureichen Ibiza-Fans oder deren drogenumwölkten Disco-Party-Freunden erfundene Beiname, nach dem das schönere, größere, auch im Winter bewohnbare Nachbareiland eine »Putzfraueninsel« sein soll. Wer heute noch diesen Schmäh im Munde führt, hat keine Ahnung – und gibt sich als Ignorant zu erkennen.

Mallorca, mit 3640 Quadratkilometern größte der Baleareninseln und fast gleich weit von Barcelona (250), Valencia (260) oder Algier (315 Kilometer) entfernt, ist für viele Besucher die Krönung des Mittelmeers und für seine Bewohner der natürliche Mittelpunkt des Lebens – eine Insel des Lichts und (mancherorts) der Ruhe, der Wärme, der Abwechslung oder sogar der ländlichen Idylle – jedenfalls in den mehr als 120 Landpensionen, den *hostal-rural*- oder *agroturisme*-Betrieben. Erholung satt, Sonnenschein reichlich, unentwegt Abwechslung, wenn man will, für all die Golfspieler (25 Plätze) oder Bergwanderer, die Radsportler, Segler, die Kegelbrüder oder die Disco-Weekend-Hopper, die zahllosen Autotester und alle Faulenzer, die sich vom Strand in die Kneipe schleppen und von dort, manchmal mühsam, ins Hotel. Unterkünfte aller Art und jeder Preisklasse stehen mittlerweile ganzjährig bereit. Die um alle Besucher ohne Unterlass besorgte Balearen-Regierung hat sie 2008 zählen lassen: Da gab es auf Mallorca 978 Hotels und 1427 Ferienwohnungen. Sie alle sind auf einer fünfsprachigen Internetseite des Tourismusministeriums mit Adresse, Bettenkapazität, Qualitätsstufe und einem Link zur Satelliten-Landkarte notiert: http://sig.inestur.es:8080.

So findet sich immer eine Bleibe – außer vielleicht, ausnahmsweise, Mitte August, wenn zu all den aus dem Norden zugeflogenen Touristenscharen die Festlandspanier auf die Insel strömen, von denen aber die meisten das von den Eltern ererbte Strandhäuschen hegen und pflegen wie einen Schatz.

Noch vor den Golfspielern bilden die Motorjournalisten die am besten umhegte Kategorie der Besucher – sie kommen meist gänzlich ohne Bargeld aus, weil Audi, BMW, Mercedes, Opel, Renault, Toyota oder VW ihnen sämtliche Ausgaben abnehmen: Hotelzimmer, Restaurants, Testwagen, sogar das bleifreie Benzin für den Tank. Manche Luxushotels, manche Edelrestaurants oder Clubs halten in der Nebensaison ihre Etablissements nur für diese Berufsgruppe geöffnet. Und die Autofirmen wissen, warum sie ihre Gäste regelmäßig für die Show der neuesten Typen auf die Insel laden: Das Straßennetz ist gut und überschaubar. Es existiert sogar bei Llucmajor ein alter Rundkurs als tempolimitfreie Rennstrecke. Und nach ein paar Tagen müssen die Testfahrer auch das schönste Gefährt wieder abgeben, weil es die Insel nicht so einfach verlassen kann.

Normalerweise bleiben die verschiedenen Kategorien der Inselbesucher lieber unter sich und ihresgleichen. Im Fall der jährlich mehr als eine Million Kreuzfahrer, darunter die Passagiere auf den Kreuzfahrtschiffen der Aida-Flotte, die neuerdings pünktlich wie nach Fahrplan im Hafen von Palma an- und ablegen, ist die leicht elitäre Zurückgezogenheit nicht zu beanstanden: Nach einer zu ausgedehnten Exkursion zu den Schönheiten der Insel ist das Schiff womöglich schon wieder auf hoher See, wenn die Ausflügler abends erst die Mole erreicht haben. Aber all die anderen, die lieber Tage in ihrer eigenen Abgeschiedenheit oder vermeintlichen Exklusivität zubringen, als einmal einen Blick ins Ghetto einer anderen Trend(-Sport)-Gruppe zu riskieren – warum tun sie sich das an?

Eigentlich ist es ganz nett, vor allem auch lecker, beim Edelitaliener zwischen den jetzt drei Exklusiv-Golfplätzen an den Son-Vida-/Arabella-Hotels oberhalb von Palma das Abendbrot einzunehmen. An den Nachbartischen kreist das Gespräch aber fast ausschließlich und zunehmend erbittert um Loch 12 und den schwierigen Abschlag. Fremdgäste fühlen sich vereinsamt wie in einer Kantine für Golflehrer.

In den Hotelrestaurants von Port Alcúdia oder Cala Millor, wo sich jene Sparfüchse versammeln, die eine All-inclusive-Reise gebucht haben, sind die Fleischtöpfe des Buffets am schnellsten geleert, während die Salatplatten nach kurzer Zeit wirken wie das Kinderzimmer daheim, nämlich unaufgeräumt. Immer mehr Gäste wünschen schon nach kurzem Aufenthalt eine Abwechslung vom noch so nahrhaften Einerlei, trauen sich den Sprung ins urmallorquinische Restaurant gleich um die Ecke aber nicht zu. Nur Mut!

Nirgends in der Welt ist es leichter (oder gar billiger) als an Mallorcas Flughafen, ein Auto zu mieten, um die Insel zu durchstreifen. Wer das Risiko liebt, kann im Internet schnell Autoverleiher finden, deren Preise noch günstiger sind als die der großen Rent-a-car-Stationen; diese halblegalen sparen sich und den Kunden die Flughafengebühr und parken das bestellte Vehikel im Parkhaus; den Schlüssel und den Parkschein hinterlegen sie vertrauensvoll im Kofferraum.

Dann aber los!

Die Insel sieht, von oben oder auf der Karte betrachtet, aus wie ein nur teilweise abgerollter Teppich, der das Eiland im Nordwesten vom Mittelmeer abschirmt. Die Berge beginnen gleich am Cap Formentor, wo normalerweise die Jets aus Deutschland einfliegen, türmen sich am Puig Major bis auf 1443 Höhenmeter und plumpsen bei Andratx, wegen der Herkunft vieler Bewohner auch »Düsseldorfer Loch« genannt, ins Meer oder laufen im vorgelagerten Inselchen Dragonera aus, das von oben wie ein kleiner Drache aussieht, aber auch viele Echsen (*drago*) beherbergt.

Andratx und besonders sein gleichnamiger Hafen sind von Monaco oder Saint-Tropez vor allem an der Sprache zu unterscheiden: Hier wie dort klettern die Häuser die steilen Hänge hinauf, als könnten sie selber krabbeln; und jeder Bewohner, der den unschlagbaren Meerblick genießt, kann nicht sicher sein, ob er nicht am nächsten Morgen von einer Dampframme geweckt wird, die oberhalb seines unverbaubaren Anwesens ein ähnliches in den Berg meißelt, von dessen künftiger Terrasse der unvergleichliche Meerblick noch unverbaubarer wirkt. Ob all die edlen Villen im einstigen Landschaftsschutzgebiet rechtens hochgezogen wurden, das muss die Justiz noch herausfinden; auf der Insel dauern solche Prüfungen erfahrungsgemäß Jahre bis Jahrzehnte.

Bei und vor Palma hat besagter Teppich ein faustgroßes Loch, das ist die von der Kathedrale und dem Hafen beherrschte, normalerweise im Sonnenlicht strahlende Bucht von Palma. Von dort und wieder bis dahin zurück zieht sich eine Küstenlinie von exakt 555 Kilometern – die offiziell errechnete Länge erklärt sich daraus, dass immer wieder steile Buchten, die *cales*, in die Küste einschneiden. Deren Wasser verleiht mit seiner zwischen smaragdgrün, türkis und dunkelblau changierenden Färbung noch den kleinsten Stränden einen subtropischen Hauch von Karibik. An der Platja de Palma und östlich von Alcúdia oder Ca'n Picafort, auch bei Cala Millor sind die Strände breiter, flacher und damit kinderfreundlicher.

Im Osten wölbt sich der Teppich noch mal kurz auf – das ist die vergleichsweise niedrige Serra de Llevant –, gleich dahinter tauchen seine Fransen ins Meer. Dazwischen liegt die ziemlich platte Hochebene Es Pla, wo immer noch ein paar Alte leben, die nur ganz selten das Meer gesehen, geschweige denn faul am Strand gelegen haben, obwohl doch die meisten Touristen genau zu diesem Zweck kommen.

Starten wir mit einem der 50 000 insularen Leihwagen zu einem zunächst virtuellen Rundtrip im Uhrzeigersinn um die Insel. Andratx haben wir nur gestreift, und das ist gut so. Stattdessen beginnen wir den Ausflug in den wunderschönen, malerischen Bergdörfern Galilea und Puigpunyent, Ausgangspunkte vieler Bergwanderungen, und fahren von dort, um Andratx herum, wieder zurück ans Meer, weil die Küstenstraße nach Banyalbufar und weiter nach Valldemossa für den Mallorca-Erstbesucher ein absolutes Muss ist. Die Ausblicke an der Steilküste sind grandios. Wer meist am Steuer sitzt, sollte des besseren Blicks und seiner Gesundheit wegen zu den vielen, besonders eindrücklichen Aussichtspunkten, als *mirador* ausgeschildert, ohne Auto hinaufsteigen. Die Panoramastraße hat mit Komfort und Ausbaustufe der neuen Autobahnen oder Schnellstraßen nichts gemein; sie ist altertümelnd schmal, recht kurvenreich und verlangt sorgfältige Umsicht, wenn einem Busse oder Vierzigtonner entgegenbrausen. Die sind stärker als jedes Mietfahrzeug.

Gleich hinter Banyalbufar beginnt am Torre del Verger das Gedenken an einen der größten Bewunderer und Kenner Mallorcas, seinen ersten Liebhaber, den österreichischen Erzherzog Ludwig Salvator, der auch in dieser Gebrauchsanweisung immer wieder sein Unwesen treibt. Er kaufte den ehemaligen Wachturm, erbaut im Jahr 1547, auf einer Versteigerung im Jahre 1875 für schlappe 78 Peseten, das wären heute etwa 60 Cent – ein Schnäppchen trotz der seitherigen Geldentwertung. Allerdings ließ er ihn schon damals für etwas mehr Geld restaurieren.

Von diesem Turm aus lässt sich ermessen, was der Erzherzog für die Gegend empfand – nämlich einen unwiderstehlichen Besitzwillen. Entlang der Steilküste kaufte er elf Landgüter, darunter das frühere Kloster Miramar und die Finca Son Moragues und Son Marroig – dessen marmorner Gartenpavillon das Titelblatt fast jedes Mallorca-Bildbandes schmückt –, aber auch das Landgut S'Estaca des heutigen Hollywood-Helden Michael Douglas. Der herzogliche Neffe Leopold Ferdinand spottete über das angeblich zügellose Treiben des Onkels: »Er hat dort ein Landhaus erbaut und sich eine Art Harem zugelegt. Wie ein Patriarch haust er dort mit seinen vielen Frauen und unzähligen Kindern, die halbnackt herumlaufen und zur Mittagszeit durch ein Pfeifensignal zum gemeinsamen Mahl herbeigerufen werden.«

Am Ende gehörte dem Österreicher ein 10 Kilometer langer Küstenstreifen mit einem zum Teil riesigen Streifen Hinterland, wo der Adlige Reit- und Wanderwege mit Rastplätzen, Terrassen und Schutzhütten anlegen ließ: Wer wollte, konnte in einer solchen Herberge bis zu drei Tage lang gratis übernachten, Verpflegung inbegriffen – das All-inklusive von einst.

Von Deià kurz hinter Valdemossa ist es nicht weit zu den Orangenhängen des Tals von Sóller – immer eine Augenweide, aber im Februar/März, wenn die Orangen blühen, ein echter Duft-Genuss. Von hier aus können Sie den ersten Teil der Pflicht-Rundfahrt schon abschließen, indem Sie durch den Autotunnel nach Palma zurückbrettern. Sie können ihn auch mit einer Schleife durch fast alpines Terrain auf der Landseite der Tramuntana von Bunyola über Orient nach Alaró verlängern.

Oder Sie fahren von Sóller aus durch das grandiose Gebirgspanorama gleich weiter bis zum nassesten, kühlsten, heiligen Ort der Insel, dem Kloster Lluc. Der Abstecher zwischendurch über die enge Stichstraße abwärts nach Sa Calobra ist nur Natur-Schaulustigen und Schwindelfreien anzuraten, denn am Ziel ist, außer dem 800 Meter tieferen, nur 4 Kilometer Luftlinie entfernten Mittelmeer und je nach Saison bis zu einhundert wendenden Autobussen, fast nichts. Der Weg aber ist, wie so oft, das Ziel; die Straße überholt sich nämlich quasi selbst, indem sie sich und den Höhenunterschied überbrückt. Ein ähnliches Phänomen können Autofahrer freilich in jedem beliebigen Parkhaus nacherleben, allerdings ist dann der Ausblick nicht so doll.

Nach dem Besuch im Kloster – zu dem Naturburschen und Nachtwandler einmal im Jahr die 48 Kilometer von Palma zu Fuß pilgern – lässt sich auch dieser Ausflug mit einer entschiedenen Rückwendung nach Inca ins Inselinnere beenden.

Da wir die Strecke aber nur virtuell befahren, haben wir Zeit wie Heu, nähern uns der von den Römern gegründeten Stadt Pollença, trippeln dort über exakt 365 Stufen die eindrucksvolle, schnurgerade Treppe hinauf zum Kalvarienberg und wieder herunter, umkurven kurz die felsige Halbinsel Formentor, in deren gleichnamigem, etwas in die Jahre gekommenem Luxushotel der großartige Schauspieler Sir Peter Ustinov bis zu seinem Tod (fast) alle Urlaube verbrachte, steuern danach auf der anderen Seite der Bucht den hübschen historischen Stadtkern von Alcúdia an und lassen uns spätestens am gleichnamigen Hafen in eine Strandliege oder ein Bett fallen – denn solche Exkursionen wollen verarbeitet werden; sonst verschwimmen alle Eindrücke und Ausblicke, alle Haarnadelkurven, Busse und die anderen Sightseer zu einem Brei der Erinnerung.

Nur der Vollständigkeit halber sei angefügt, dass Sie bei einer Weiterfahrt in Richtung Artà im Naturschutz- und Feuchtgebiet S'Albufera (rechts) unbedingt einen Mückenschutz brauchen, während Sie links in der Bucht von Alcúdia hemmungslos auch ohne Mücken planschen können, gutes Wetter vorausgesetzt. Falls sich der Tag gerade neigt, sollten Sie sich an der schönen neuen Uferpromenade in Colónia de Sant Pere oder einige Kilometer weiter in dem sonst trostlosen, aus der Retorte gebastelten Kaff Betlem auf einer Terrasse am Meer ein Abendbrot einpfeifen – der Sonnenuntergang hinter den Bergen auf der anderen Seite der Bucht ist unglaublich.

Die erste, die schönere Hälfte der Inselumrundung ist damit geschafft, das Terrain, für das diese Gebrauchsanweisung gilt, grob abgesteckt und erkundet. Die allererste Maßgabe – bevor Sie etwa einen alten Turm günstig erstehen wollen – lautet: Verlassen Sie das Ghetto Ihrer Unterkunft! Erkunden Sie die anderen Reservate! Stromern Sie herum, zu Fuß, per Fahrrad, im Bus oder mit dem Mietwagen! Wenn Ihr Beruf es zulässt, auch im Testfahrzeug.

Malle für alle!

Ein Schleuderkurs.

Von Steinen und Mallorquinern

Einst waren die Bewohner der Balearen als gewiefte Steinschleuderer gefürchtet, und das gab ihrer Inselgruppe schon vor der Zeit des römischen Imperators Caesar den Namen. Im ersten vorchristlichen Jahrhundert schrieb ein griechischer Weltenbummler unter dem lateinischen Namen Diodorus Siculus eine monumentale Weltgeschichte in 40 Bänden, der er den naheliegenden, nun wieder griechischen Titel *Bibliothéké* gab, womit er einer damals weltweit, also am Mittelmeer tobenden Sammelleidenschaft einen Namen schenkte (übersetzt: Das Bücherregal). Darin nennt er die Inseln *balearis*, und das soll vom griechischen Verb *ballein* für »werfen« oder »schleudern« abstammen – ebenso wie der Begriff »Ballistik«.

Die damaligen Steinewerfer, einige Tausend, waren als Söldner im westlichen Mittelmeer berüchtigt: Erst zogen sie mit Hannibal über die Alpen, um von dort aus den Kampf um Rom zu beginnen, dann (146 v. Chr.) halfen sie den Römern, Hannibals Karthago zu zerstören. Ihre Stärke war nicht nur der schnelle Seitenwechsel: Die geschleuderten Steine durchschlugen die Rüstungen und Schilde der Gegner über ziemlich große Distanzen.

Man kann sich den altertümlichen Schleuderer auf zweierlei Weise vorstellen – nämlich derart, wie ein olympischer Hammerwerfer sein Gerät mehrfach schwingt, um es zu der Kraft eines Geschosses zu beschleunigen. Oder man geht in den Parc de la Mar unterhalb von der Kathedrale La Seu (siehe Umschlagbild) und dem Königspalast Almudeina in Palma, wo an jedem 5. Januar abends die für Palma vorgesehenen Heiligen Drei Könige auf ihren reich mit Geschenken beladenen Schiffen landen: Dort, im kleinen s'Hort del Rei, dem Königsgarten, steht ein nicht leibhaftiger, aber bronzener *foner*, der um 1900 erschaffen wurde und heute mallorquinischen Schulkindern als Vorbild für ihre Schleuderkurse vor Sportwettbewerben dient.

Den Umgang mit Steinen hatten die Ahnen der Schleuderer schon im zweiten Jahrtausend vor der Zeitenwende beim Übergang von der Jungsteinzeit zur Bronzezeit geübt und vervollkommnet: Als Angehörige der sogenannten Megalithkultur hatten sie riesige Steine, manche einige Tonnen schwer, wahrscheinlich zu kultischen Zwecken aufgetürmt, die *talaiots*, deren rätselhafte Reste noch an knapp hundert Stellen der Insel zu finden sind.

Ihre Nachkommen, die Schleuderer, konnten sich im Kriegshandwerk nicht so lange halten wie in den Heldensagen aus Mallorcas Frühgeschichte: Schon im Jahr 123 vor der Zeitrechnung eroberten Truppen des römischen Konsuls Quintus Caecilius Metellus die Bucht von Alcúdia, nachdem sie ihre Körper mit Lederwesten und ihre

Schiffe mit Fellen vor der Wucht des Steinhagels geschützt hatten. Den Soldaten folgten Auswanderer, die im Norden der Insel an der Bucht von Alcúdia die Stadt Pollentia – »die Starke«, das heutige Pollença – und später im Westen Palmaria – »die Siegreiche« – gründeten. Sie nannten die größere Insel *Balearis major* oder *Majórica*, die nordöstlich gelegene kleinere *Menorica*.

Erst eintausend Jahre später taucht Mallorca aus dem Dunkel der frühen Historie wieder bei den Geschichtsschreibern auf. Im Jahre 902 eroberte der Emir von Cordoba die Insel für die Mauren; und im Gegensatz zu der innerinsularen Überlieferung, wonach unter der Herrschaft der *moros* eigentlich alles schlecht, da unchristlich gewesen sei, erblühten Wirtschaft, Landwirtschaft, Gewerbe und Architektur in arabischer Zeit zu ungeahnten Höhen. Araber schufen neue Bewässerungssysteme, indem sie Berghänge etwa bei Banyalbufar terrassierten, und schafften die ersten Mandel-, Aprikosen- und Zitrusbäume auf die Insel. Ihre damaligen Siedlungen überall auf der Insel – die *alquerias* – sind noch heute an den arabischen Vorsilben *Al, Ban, Bin* zu erkennen: Der Name des reizenden Biniali bei Santa Eugènia heißt übersetzt einfach »Alis Sohn«, der des Weindorfs Binissalem »Der Sohn von Salem«; *alcudia* ist der Hügel, *algaida* der Wald. Palma war Hauptstadt als *Medina Mayurka*.

Länger als drei Jahrhunderte blieb die Insel in muslimischer Hand, bis Jaume I., der König von Aragon und dem halben Südfrankreich, 1229 die Balearen in äußerst blutigen Gemetzeln eroberte. Eine Legende, mit der mallorquinische Grundbesitzer gern ihren Stammbaum krönen, will wissen, dass König Jaume die Hälfte Mallorcas unter jenen vierzehn Edelleuten aufteilte, die ihm bei der »Rückeroberung« (*reconquista*) am meisten geholfen hatten. Tatsächlich teilte er die Insel in nur fünf Stücke: Die Hälfte behielt er für sich, den gevierteilten Rest überließ er drei Adligen aus Katalonien und dem Bischof von Barcelona. Die neuen Herren, *senyors*, teilten seitdem das Land unter ihren Kindern nach Wert auf: Der Erstgeborene erhielt das Herrenhaus und/oder den Stadtpalast in Palma, der jüngste Spross die minderwertigen Grundstücke im Gebirge oder an den oft sumpfigen oder steinigen Küsten. Erst Tourismus und Hotelboom der neuesten Zeit verhalfen den Nachkommen der Jüngsten 750 Jahre später endlich zu Reichtum und Wohlstand.

Immer noch gehört der Umgang mit Steinen zu den besonderen Kunstfertigkeiten der Insulaner. Allerdings wird heute nicht mehr geschleudert, sondern gebrochen, gesprengt oder gesägt – die Zahl der Steinbrüche auf der ja eigentlich überschaubaren Insel ist enorm: Mallorca ist steinreich. Unmittelbar um die Brüche herum sind die Immobilienpreise das, was sie früher überall waren, nämlich günstig. Vorsicht also, wenn Ihnen eine Finca zum Schnäppchenpreis angeboten wird: Entweder ist der nächste Steinbruch gleich hinter dem nächsten Hügel, oder er hat sich bereits unterirdisch an die Grundstücksgrenze herangefressen.

So geschieht auf der Insel immer wieder das – ökologisch allerdings nicht sehr eindrucksvolle – Wunder, dass sich ein Hügel in ein Loch verwandelt. Ein besonders schlechtes Beispiel bieten die Brüche von Porreres, wo die Wallfahrtskirche Montision einsam und wie verzweifelt auf eine Wüstenei aus Stein hinabblickt, in deren unterirdischen Verliesen und endlos langen Tunnelgängen Champignons gezüchtet oder verrostete Munitionsreste der Franco-Armee aufbewahrt werden; die frischen Champignons, auch so ist Mallorca, verkauft übrigens der

Ford-Händler rechts von der Kirche. Andere Steinfabriken, etwa jene zwischen Felanitx und dem edlen Golfplatz Val d'Or scheinen, betrachtet man die Umwelt, vor allem Staub zu produzieren, während die Bagger und Mineure auf der anderen Straßenseite von Son Servera eruieren, wie tief gegraben werden kann, ehe sie auf Mittelmeerwasser stoßen.

Normalerweise wird in diesen, man muss schon sagen Bergwerken der möglichst rosafarbene *marés*-Sandstein gefördert, den die mallorquinischen Baumeister seit Jahrhunderten für Kirchen, Stierkampfarenen, Terrassen und Wohnhäuser verwenden. Einmal nass, hält der Stein die Umgebung schön kühl. Dient er aber, wie heute inselweit üblich, als schmucke Einfassung für Türen und Fenster, lässt er sogleich alle Feuchtigkeit, derer er habhaft wird, ins Innere. Dutzende von Spezialfirmen bieten ihre Dienste an, diese traditionellen Baumängel zu beheben. Doch unverdrossen wird weiter nach *marés* geforscht und gebuddelt.

Andere Steinfreunde sind Experten höchster Güteklasse in ihrem steinigen Metier. Diese Maurer, in Mallorca *margers* genannt, schichten zu beiden Seiten der Feldwege oder manchmal auch entlang der Grundstücksgrenzen ohne stützendes Korsett – und im Idealfall ohne Mörtel – Natursteinmauern auf, zusammengefügt wie nach einem Ritual. Die oberste Reihe nämlich soll in ihrem Gleichmaß so etwas wie eine Mauerkrone bilden. Angeblich sind diese Trockenmauern zusammengezählt 16 000 Kilometer lang, zehnmal so lang wie das insulare Straßennetz – oder besser: Sie waren es. Denn leider sind die jahrhundertealten Bauwerke vergänglich. Regen, Wind und Frost setzen den Trockenmauern zu, bis sie zu kleinen Geröllhalden zerfallen.

Die mallorquinischen Grundstücks- und Trockenmauer-Eigentümer warten mit der Rekonstruktion, bis die angrenzende Straße auf Kosten der Gemeinde (selten), des Inselrats (oft) oder des »Kohäsionsfonds der EU« (meistens) verbreitert und ausgebaut wird. Dann fällt der Mauerpreis in deren Etat. Die nichtmallorquinischen Besitzer, denen solche Geduld fremd ist, lassen die Mauern aufs Teuerste (ein Meter kostet etwa 1000 Euro) wiederherrichten, um nachher zu erfahren, dass exakt jene Grundfläche für die Verbreiterung der Straße oder für den Bau einer *rotonda* – das sind die inselweit wuchernden Verkehrskreisel – enteignet werden muss.

Der Mallorquiner als solcher ist in seiner Urform eine eigenwillige Spezies – ein Bauer von gedrungener Gestalt, knorrig und zäh wie ein alter Ölbaum. Über Generationen hat er seine Insel tapfer gegen Piraten, *moros* (Araber), Besatzer und anbrandende Touristenhorden verteidigt. Was früher mit Steinen, Stöcken oder dem Schwert gelang, versucht er heute listiger zu erreichen: mit raffiniert ausgetüftelter Bürokratie und höflich abweisendem Gebaren. Er duldet die neuen Nachbarn, aber er liebt sie nicht. Er (oder sein Freund) hat den Fremden zwar die Finca verkauft, nun sollen die aber selber sehen, wie sie mit der Trockenheit, dem Geröll, den Stürmen, der oft abweisenden Umgebung klarkommen. Er möchte am liebsten allein oder wenigstens unter seinesgleichen sein.

Typisch sein Verhalten am Telefon: Er wählt, danach aber folgt nichts – kein Name, keine Begrüßung, kein Anliegen. Er scheint nur stumm verbittert, dass ausgerechnet er sich mal wieder verwählt hat.

Dabei hat er ja durchaus eine Sprache – ein knarziges Gemisch aus Zisch-, Guttural- und Ou-Lauten, das für

Fremde nicht gemacht ist und für das (in seiner Ausprägung als *mallorquí*) sogar ein vernünftiges Wörterbuch fehlt; eines der ersten, wohl auch letzten Lexika dieser Art stammt aus dem Jahre 1512 und wurde von einem gewissen Johan Rosembach verfasst. Sprachforscher wissen, dass der Inseldialekt eine Untergruppe des immerhin von 11 Millionen Menschen benutzten *català* ist – und damit mögen sie linguistisch-semantisch auch recht haben.

Aber was heißt hier »Dialekt«, was bedeutet »Untergruppe«? Manche Wörter ähneln den kastilischen zum Verwechseln, andere – meist aus dem technischen Bereich – haben keine gemeinsame semantische Wurzel, abgesehen von der Herkunft aus dem Vulgärlatein. Aber für die etwa 300 000 Ur-Mallorquiner und natürlich auch für all jene, die in den acht Jahrhunderten seit der *reconquista* einheiraten durften, ist ihre Sprache das einende Band, die höchste und natürlich beste Form der Kommunikation, ein Ausdruck ihrer Identität, ein Symbol der Eigenständigkeit und nach so vielen Verboten in der Vergangenheit, die Sprache zu benutzen, auch ein Zeichen wiedergewonnener Freiheit. Sie ist ihr ganzer Stolz.

Auch deswegen verehren sie als einzigen Nationalhelden (wenn wir kurz vom aktuellen Tennisheros Rafael Nadal absehen) den Sprachkundler und Universalgelehrten Ramon Llull (1235 – 1315), der – ein wenig mit dem viel jüngeren Martin Luther vergleichbar – dem Volk die Umgangssprache schenkte und der mit mehr als einhundert Büchern und Schriften die katalanische Literatur begründete. Und dem Katalanischen erging es so wie seinem Vorkämpfer Llull – mal wurde es hochverehrt, mal geächtet. Im Königreich Aragon galt seit 1410 Kastilisch als Sprache des Adels, 1716 wurde es einzige Amtssprache.

1936 unter Franco wurde der Gebrauch von *català* und *mallorquí* sinnloserweise sogar verboten.

Die Erinnerung an Llull ist ähnlich wechselvoll. Zu Studien zog er sich oft in die Einsiedeleien am Randa-Berg im Herzen der Insel zurück. Nach Reisen durch Nordafrika fand er seine letzte Ruhestätte als Märtyrer in der Kirche Sant Francesc in Palmas Altstadt, wurde aber wenige Jahrzehnte später vom Papst zum Ketzer erklärt. Seine Werke kamen auf den Index. Die Kirche denkt in Äonen: Schon ein halbes Jahrtausend später wurde er rehabilitiert und seliggesprochen.

Da *mallorquí* als offizielle Amtssprache erst seit 1983 wieder zugelassen ist, können Ältere – die vorher die Schule besucht haben und das Hochspanische (*castiliano*) perfekt beherrschen – manche Worte auf *mallorquí* nicht richtig schreiben. Dann fragen sie ihre Kinder und lassen sich belehren. Simples Beispiel: Wie schreibt man aktuell Cala Ra(t)jada? Andra(i)(t)x?

Die Sprache, dem Südfranzösischen verwandt, ist lautmalerisch rustikal wie viele einfache Idiome. Die Katze heißt *mosch*, das (lebende) Lamm *mé*, allerdings ohne Meckern. Die traditionelle Formel bei der Begrüßung *Com va?* wird beantwortet mit einem herzhaften *Va bé* – exakt das Gegenteil (gut) von dem, wonach es sich anhört. Komplizierte Worthülsen werden so zusammengezogen, wie einst der deshalb legendäre Bremer Bürgermeister Hans Koschnick sprach: Das Ergebnis wirkt wie ein kaum definierbares Gebrabbel.

Bestes Beispiel für diese Manie, Wörter so sinnlos zusammenzuschnüren, dass wieder neue Wörter entstehen, sind die zahllosen Ortsnamen, die mit den Buchstaben *Son* beginnen. Eigentlich ist das eine aus vier Elementen bestehende Wortkombination: *Ço és d'en* und heißt: »Das ist von«. Der Name *Can* oder *Ca'n* hat nichts mit Hunden zu tun, sondern ist die bequeme Variante von *Casa d'en* – »das Haus von«.

Traditionell reden Mallorquiner sich mit dem Vornamen an. Das kann für jeden Miguel oder Toni in Restaurants ein Problem werden, wenn am bestellten Tisch schon ein anderer Miguel oder Toni seinen Platz fand.

Sie reden nicht sehr viel, aber wenn schon, dann gern in Sprichwörtern und oft derb-anzüglichen Redensarten (*palabras*); einige von ihnen hat schon Erzherzog Ludwig Salvator, der Beschreiber der Inseln, im 19. Jahrhundert für die Ewigkeit notiert:

> Viele Fliegen töten einen Esel.
> Die Oliven sind wie Frauen:
> Außer Haus schmecken sie besser.
> Ein Reiter sollte gelegentlich die Eselin wechseln.
> Ein goldener Schlüssel öffnet jedes Schloss.
> Ein leerer Sack steht nicht.
> Das Kleid macht noch keine Nonne.
> Einer Frau, die die Hosen anhat, entspricht ein Mann, der Hufe hat.
> Als hintersinnige Begrüßung: Wie geht's den Erben?

Aber mit den Katalanen und Katalonien wollen Mallorquiner aktuell nicht viel gemein haben. *Una palabra*: »Einem Katalanen soll man nichts Böses tun, weil das Sünde ist – und nichts Gutes, weil das verschwendet ist.«

Die Katalanen haben natürlich ein eigenes Sprichwort als Antwort, und ein grobes dazu: »Die Insel Mallorca hat Gott geschaffen, die Mallorquiner der Teufel.«

Die wahren Mallorquiner kennen außer ihrer Insel nichts auf der Welt, jedenfalls nichts, was ihre ungeteilte

Sympathie oder Liebe verdient; in ihrer Sprache gibt es auch keine Kontinente oder Erdteile, sondern nur *Mallorca* – lediglich hilfsweise das Drumherum, *i fora mallorca* (die Gegend außerhalb der Insel).

Tatsache ist, dass Mallorquiner für das angebliche Mutterland Spanien nie das Wort »Festland« in den Mund nehmen; voller Verachtung sprechen sie von Spanien, Katalonien inklusive, nur als der *peninsula* – gerade mal zu einer halben, aber keineswegs zu einer richtigen Insel haben es diese Leute gebracht. Und wenn die sich auf der Insel niederlassen, werden sie von den Eingeborenen herablassend *forasters* (Fremde) genannt, ein Begriff, der auf die vielen Ausländer – Deutsche, Engländer, *moros* (Nordafrikaner/Marokkaner), neuerdings die EU-Neulinge Rumänen und Bulgaren – seltsamerweise nicht angewandt wird.

Fremde sind nach dieser Definition alle Spanier, die zwar perfekt Spanisch, nicht aber *mallorquí* sprechen. Ihnen im minderen gesellschaftlichen Ansehen gleichgestellt sind die *latinos*, einstige Bewohner Lateinamerikas, für die Spanien vereinfachte Einreise-, Aufenthalts- und Arbeitsbedingungen erlassen hat, als Ausgleich dafür, dass sie von den Spaniern in der Geschichte nicht immer freundlich oder gar segensreich behandelt wurden.

Mit zunehmender Regionalisierung, mit weiteren Autonomiebestrebungen wächst der Druck der – vor allem katalanischen – Regionalisten, ihre Sprache für allgemeinverbindlich zu erklären. Lange schon sind deutsche und britische Geschäftsinhaber auf der Insel gehalten, ihre Waren oder deren Inhaltsstoffe auf Spanisch zu deklarieren. In den letzten Jahren wird versucht, diese Pflicht auf *mallorquí* oder *català* auszudehnen; auch sollen die Geschäfte ihre Kundschaft mindestens zweisprachig bedienen können (eine eigene Gebrauchsanleitung zum Sprachenstreit auf Seite 150).

Dabei kann der zunehmende Gebrauch des Dialekts für mindestens 20 Prozent der Inselbewohner zum Problem werden. Die etwa 80 000 *forasters* haben Kastilisch gelernt, ihre Kinder aber noch nicht oder nicht genug *mallorquí*; und den echten Ausländern oder deren Nachkommen geht es zuweilen ähnlich: Sie fühlen sich gelegentlich ausgegrenzt.

Die deutsche Journalistin (*taz*) und Buchautorin (*Mallorca. Die vergewaltigte Schöne*) Hella Schlumberger verweist auf manches katalanische »Bestreben, ein Großkatalonien zusammenzubasteln«, die Mallorquiner aber seien nicht mutig genug, sich gestützt auf die eigene Sprache und Kultur gegen die Katalanen zu wehren. In einer Zeit, da ein Europa ohne Grenzkontrollen zwischen Lissabon und Helsinki zusammenwächst, erscheint ihre Furcht ein wenig übertrieben – zumal die Balearen vom katalanischen Barcelona politisch völlig unabhängig sind. Und weil Regionalisten und Autonomieverfechter immer lauter argumentieren als besonnene Politiker, wird deren Durchsetzungsvermögen zuweilen zu hoch angesetzt.

Der einzige Bewohner des Festlands, den Mallorquiner wirklich verehren, ist immerhin fast ein echter Mallorquiner: König Juan Carlos, dessen eigentlicher Wohnsitz Madrid ist, verbringt in erstaunlicher Monotonie seinen Urlaub und die Festtage auf der Insel. Er hat ihnen die Sprache zurückgegeben, er hat ihnen ein hohes Maß an Autonomie geschenkt. Auf ihn persönlich werden der Wohlstand und die Erfolge übertragen, die der EU-Beitritt Spaniens in Rekordzeit bewirkt hat. Einer seiner frühen Kritiker, der Sozialist Josep Moll, der unter Franco nach Deutschland emigriert war: »Er hat es geschafft, auch von den Republikanern akzeptiert zu werden.« Der 2007 verstorbene Journalist und Politiker, der Anfang des Jahrhunderts einige Jahre als balearischer Botschafter in Berlin wirkte, war überzeugt, dass es in Spanien nur sehr wenige Anhänger der Monarchie als gesellschaftspolitischer Institution gibt: »Aber Anhänger von König Juan Carlos sind wir alle.«

Alle sind stolz auf ihn – auf seine Liberalität, Weltgewandtheit, Freundlichkeit und seine zutiefst demokratische Grundhaltung. Einmal, Ende 2007, flippte er vor laufenden Mikrofonen und Kameras aus: Auf dem iberoamerikanischen Gipfel in Chile fuhr er den venezolanischen Staatschef Hugo Chávez an: »*Por qué no te callas?*« In Umgangssprache übersetzt: »Halte doch endlich deinen Mund!« Die königliche Mahnung war danach zehntausendfach in Flughäfen, Restaurants, Läden zu hören: Die Mallorquiner hatten sie als respektlosen Klingelton auf ihre Handys heruntergeladen.

Und als der Linkspopulist Chávez ein Jahr später zum Besuch des Königs auf die Insel kam, schenkte ihm Juan Carlos ein rotes, weiß bedrucktes T-Shirt mit der gleichen Aufforderung. Chávez hielt sich freilich nicht daran und hielt wieder nicht die Klappe, sondern bedankte sich artig beim König – ohne zu wissen, dass der das Hemd nur weitergereicht hatte; eigentlich hatte US-Präsident George W. Bush, der Lieblingsgegner von Chávez, damit den Monarchen beschenkt.

Typisch für die sagenhafte Popularität des Bürgerkönigs auf der Insel ist die Art, wie er an sein neues Motorboot geriet. Bei einem Empfang in Palma kam man auf die betagte Yacht des segelbegeisterten Monarchen zu sprechen. Palmas Bürgermeister forderte eine »Lösung«, es sei unzumutbar und »nicht schicklich«, das königliche Schiff im Notfall als Havaristen abschleppen zu müssen. Ein anderer, etwas vorlauter Politiker empfahl dem König, in der nächsten Saison notfalls auf ein *pedalo* – ein Tretboot – auszuweichen. Zwei wohlhabende Kaufleute in der Runde handelten: Sie gründeten einen Verein, der dem König ein funkelnagelneues Schiff im Wert von rund 17 Millionen Euro schenkte – die Fortuna, eine der schnellsten Motoryachten der Welt. Mit ihrem Spitzentempo von 126 Stundenkilometern, so rechneten Freunde des Wassersports aus, könnte die Fortuna Mallorca in knapp fünf Stunden umkurven. Tempo macht der König aber lieber mit seinem Segelschiff Bribón, mit dem er immer wieder an Regatten teilnimmt.

Dass er die schnelle Fortuna geschenkt bekommen hat, ist für diesen Bürgerkönig wirklich ein Glück. Denn richtig reich ist er nicht.

Nach einer Berechnung der Wirtschaftszeitung *El Economista* erhält der König im Jahr (2007) eine Apanage von 8,3 Millionen Euro – viermal weniger als der französische Staatspräsident. Schlussfolgerung: »Die Monarchie ist billiger als die Republik.« Und wohl deswegen kauft die Königin höchst leibhaftig und gern im Warenhaus El Corte Inglés an den Avenidas in Palma ein.

Die Kosten für die Sicherheit des Königs und seiner Familie bei den Malle-Aufenthalten übernimmt der Staat allerdings zusätzlich. Dann streifen bis zu 500 Beamte der *policia national*, der *guardia civil* und seiner eigenen Leibgarde durch die Umgebung der Carlos-Unterkunft Marivent, klingeln sogar an den Haustüren und forschen nach verdächtigen Elementen, zu denen heute wegen der allgemeinen Terroristenfurcht in erster Linie wieder *moros* zählen, also Nordafrikaner, gefolgt von Basken, die womöglich auch auf dem Umweg über Palma ihre Unabhängigkeit von Madrid erstreiten wollen.

Ein Mallorquiner aber würde der Monarchie, würde erst recht diesem König niemals irgendetwas antun, niemals etwas Schlechtes wünschen. Juan Carlos ist doch genau wie sie: Er liebt Mallorca.

Die friedlichen Invasoren.

Besucher, Bewohner, Ballermänner

Auf dem Flughafen von Palma, Son Sant Juan, landen und starten an einem normalen Sommersamstag in der Reisezeit im Schnitt 1000 Flugzeuge – mehr als 24 000 im ganzen Monat August. Sie bringen im Jahr mehr als 23 Millionen Passagiere auf die Insel – 7,7 Millionen Deutsche, gefolgt von 4,8 Millionen Briten. Erst an dritter Stelle folgen die einheimischen Spanier, die allerdings auch mit Fähren aus Barcelona oder Valencia ihr Ziel erreichen. Die Zahl der ab- oder anfliegenden einheimischen Mallorquiner wird nicht gesondert erfasst.

Die Höflichkeit gebietet, erst über die Engländer zu sprechen, auch wenn sie mit dieser Gebrauchsanweisung nicht viel anfangen können. Sie sind mit 30 000 Residenten und 25 000 gelegentlichen Bewohnern, die ihre eigene Immobilie nutzen (Kurztouristen nicht eingerechnet), in der Minderzahl und haben ihre eigenen Regeln.

Nur das Territorium unmittelbar westlich von Palma rund um Palmanova (grobklotzig imposant wie Miami),

Magaluf (problematisch wie *fish and chips*) und Santa Ponça (beschaulich wie Brighton) scheint fest in der Hand britischer Residenten und ihrer Klienten, – sommersprossige Rothaarige, denen bereits nach kurzem Aufenthalt riesige Sonnenbrände die zuvor weiße Haut verätzen. Ihre Flugzeuge aus Manchester, Cardiff, Birmingham oder Newcastle landen und starten, wohl aus Kostengründen, meist zwischen Mitternacht und Sonnenaufgang, sodass der Flughafen Son Sant Juan sommers in der Früh von englischen Schläfern besetzt scheint, die auf den Bettenwechsel in ihren Unterkünften warten.

Danach, so ein verbreitetes, durch die Realität widerlegtes Vorurteil, begeben sich die *visitors* in ihre mehrstöckigen Unterkünfte, leben auf den dortigen, ihnen ungewohnten Balkonen und fallen von dort nüchtern oder trunken oft genug herunter: Allein in der Hauptferiensaison 2007 stürzten 20 Briten ab.

Was den Deutschen die Sause in Arenal, ist den Briten der Suff in Magaluf, wo beispielsweise die Kneipe Coach and Horses Inn die Besucher von der anderen Insel bewirtet und mit dem Nötigsten umfängt. Vor den architektonischen Hochbau-Besonderheiten von Magaluf und dem benachbarten Palmanova warnen, zum Ärger der kommunal Verantwortlichen, sogar Palmas Taxifahrer, die ihre – womöglich nichts ahnenden – Fahrgäste vom Flughafen dorthin chauffieren.

Aber die meisten Touristen wissen, worauf sie sich einlassen: Westlich von Palma ist eher britisches Hoheitsgebiet, östlich der Hauptstadt verkehren die Deutschen. Die Bucht von Palma dazwischen ist einer Pufferzone vergleichbar, damit der Durst nicht mit fremden Nationalitäten geteilt und mit fremdartigen Provenienzen gelöscht werden muss.

Die einheimische Zeitung *ultima hora* verglich einmal höchst aufmerksam die Folgen der Trinkgewohnheiten von Deutschen und von Engländern: »Die Deutschen schwanken, aber sie schwanken diszipliniert.«

Seemannsgarn ist aber die Behauptung, in der Gegend von Pollença lebe ein – natürlich pensionierter – britischer Admiral, der sein Haus nicht aus Stein, sondern aus Whiskyflaschen gebaut habe, die er einst mit hohem persönlichen Einsatz selbst leerte. Die skurrile Anekdote übersieht, dass, wer im Glashaus sitzt, im Winter mit üblen Sturmschäden, im Sommer mit gleißender Hitze zu rechnen hätte, gerade in dieser Gegend.

Eine edlere Gruppe von Engländern mietet sich sommers monats- oder wochenweise eigens dafür geschaffene Luxus-Fincas mit dazugehörigem Personal wie Butler, Köchin, Gärtner und Küchenhilfe(n); der Preis dafür kann durchaus 1000 Euro pro Tag oder 10000 Euro pro Woche erreichen. Eine gute Bekannte, Babsi aus dem Rheinland, engagierte sich einmal selbst in ihrem eigenen Haus zu Testzwecken als zeitweilige Küchenhilfe, um mitzuerleben, wie die betuchten Mieter aus *Great Britain* mit der Einrichtung umzugehen pflegen. »Schrecklich!«, kommentierte ihr Gatte das Geschehen. »Sie lassen die ganze Zeit die Klimaanlage laufen und haben zugleich alle Türen geöffnet.« Sie haben genau dafür, für Klimagerät *und* Frischluft, gut bezahlt, nun wollen sie alles nutzen.

Intellektueller Kopf der britischen Mallorca-Gemeinde war schon in den Dreißigerjahren der Schriftsteller Robert Graves (*Ich, Claudius, Kaiser und Gott*), der in seinem Essay »Why I live in Mallorca« 1953 eine Liebeserklärung an alle Mallorquiner niederschrieb: »Sie waren immer freiheitsliebend, obwohl standhaft konservativ; äußerst moralisch, obwohl skeptisch gegenüber der kirchlichen Doktrin; mit einer tief eingewurzelten Abneigung gegen physische Gewalt, Trunkenheit oder jeglichen Affront gegen die guten Sitten.

Graves wurde nach seinem Tod 1985 auf dem Friedhof von Deià begraben.

Monarchisches Oberhaupt der britischen Inseltouristen war übrigens lange Jahre der ewige Thronfolger Prinz Charles, der oft auf Einladung des spanischen Königs Juan Carlos nach Mallorca kam und viele Motive zwischen Palma und Sóller in Aquarell malte. Von anderen, einfacheren Touristen unterschied er sich durch die Zahl der Sicherheitsbeamten, die den Maler umringten, und die Zahl der Zuschauer, die die Aufpasser einkreisten. Ein heißer Tipp für Seine Königliche Hoheit, um derartige Menschenaufläufe künftig zu vermeiden: Bannen Sie Ihre Motive erst aufs Foto, und beginnen Sie dann, in aller Stille, mit dem Kunstwerk. Allerdings fehlt dann der Kontakt mit dem gemeinen Volk.

Ein nachgerade historisches Ereignis der britisch-mallorquinischen Beziehungen hat der deutsche Journalist Axel Thorer (*Bunte*) überliefert, dessen Familie seit drei Generationen hoch oben an der Südküste oberhalb von Felanitx wohnt und der als bester Kenner aller Insel-Skurrilitäten gilt: Im Sommer 1963 sollte der einmillionste Fluggast mit einer britischen Chartermaschine auf dem Flughafen eintreffen. Wie üblich hatten die Touristiker den Jubilar nicht mithilfe der Statistik, sondern nach der Optik ausgesucht – junge, hübsche Frau Mitte zwanzig. Unter den Fanfaren des mallorquinischen Begrüßungskomitees erschien aber eine sehr viel ältere, sehr selbstbewusste Dame, die sogleich huldvoll für diesen ehrenhaften Empfang dankte. Der Tourismuschef schob sie zur Seite, um sich und die junge Frau den Fotografen zu präsentieren, da murmelte die ältere eine Entschuldigung: »Es hätte ja für mich sein können. Ich bin Agatha Christie.«

Heutzutage, da der Flughafen fast immer so wirkt wie der Trafalgar Square an einem lauen Sommerabend, werden auch die hübschesten Fluggäste nicht mehr einzeln gezählt, schon gar nicht mit Musik empfangen. Aber die *love affair* der Engländer zu ihrer zweitschönsten Insel dauert an, auch wenn sie sich von deutschen Besuchern oft überrollt fühlen mögen.

Mit einer eigenen anglikanischen Kirche haben sie sich sogar schon für die Ewigkeit eingerichtet. Gleich nebenan gibt es einen englischen Friedhof, damit sie, wenn es so weit ist, nicht in ungeweihter mallorquinischer Erde zur Ruhe kommen. Beide Einrichtungen werden, lang lebe das Empire, vom Bistum Gibraltar aus verwaltet. *Britannia rules the waves.*

Noch weiter im (Nord-)Westen hat die einzige Hollywood-Legende der Insel ihr nicht gerade schlichtes Domizil. An einer der schönsten Küsten Mallorcas in einem der schönsten Gebäude, dessen Abbild viele Buchdeckel schmückt, dem Landgut S'Estaca, das einst Erzherzog Ludwig Salvator für seine mallorquinische Nebenfrau Catalina Homar erbauen ließ, haust jetzt der Schauspielstar Michael Douglas samt Neugattin Catherine Zeta-Jones, freilich nur relativ kurz im Jahr. In einem bizarren Scheidungsvertrag mit Exgattin Diandra, einer Mallorquinerin, ist festgelegt, dass jeder Ex höchstens sechs Monate hintereinander das Schmuckstück bewohnen darf und dann das historische Schlafgemach wieder für den anderen räumen muss.

Die Deutschen auf der Insel wohnen meist überall dazwischen. Sie haben sich in und mit den Jahren geändert. Sie sind heutzutage stärker als früher der Umwelt und dem Umweltbewusstsein zugewandt. Sie bauen keine Klimaanlagen mehr in ihre Häuser. Sie versuchen, manchmal verzweifelt, den Müll zu trennen, denn die öffentlichen Entsorgungssysteme sind noch nicht so weit. Als Besucher mieten sie sich das kleinste, umweltfreundlichste Autochen, dessen sie habhaft werden können. Und in Leserbriefen jammern sie über wüst zugemüllte Strandabschnitte oder darüber, wie ihnen vermeintlich freundliche Landsleute das Geld aus der Tasche zogen.

Die Deutschen in ihrer Gesamtheit als Einwohner des »17. Bundeslands«, das einst die *Bild*-Zeitung mangels anderer Nachrichten im Sommerloch erfand, zerfallen in mehrere Kategorien: Besucher, zeitweilige Bewohner und Residenten. Kein statistisches Amt kann exakt ermitteln, wie viele zu welcher Gruppe zählen, weil auf der Insel nur fallweise – in den Rathäusern, im Ausländerregister, am Flughafen – gezählt wird; auf den Grundbuchämtern beispielsweise wird aber nicht nach der Nationalität der Eigentümer von Grundstücken, Wohnungen oder Häusern gefragt. So waren Anfang dieses Jahrhunderts offiziell 43 700 Deutsche als Residenten gemeldet. Leute mit Zweitwohnsitz, die ihre Steuern in Deutschland zahlen, fallen durchs Raster und sind nicht erfassbar. Das deutsche Konsulat schätzt die Menge der Landsleute, die den größten Teil des Jahres auf der Insel verbringen, auf etwa 50 000. Das sind bei einer Gesamtbevölkerung von 0,8 Millionen gut 7 Prozent. Zu wenig für ein ganzes Bundesland.

Aus dem sonst etwas engeren Blickwinkel dieser 7 Prozent sind auch alle anderen Besucher aus *Alemania* hochwillkommen, weil sie die sonst zu teuren Flugpreise durch ihre schiere Anzahl verbilligen; außerdem verschwinden die All-inclusive-Urlauber nach der Landung schnell auf dem Busparkplatz, von wo sie zu den Bettenburgen in Arenal/Platja de Palma, Cala Ratjada oder Cala Millor geschafft werden.

Aus Sicht dieser und anderer Besucher wiederum wirken Residenten schon im Heimatflughafen leicht überheblich: Außer edelsten Hunde- oder Katzen-Transportköfferchen führen sie – weil sie zeigen wollen, dass sie zwei Zuhause haben – nur leichtestes Handgepäck von Prada oder Gucci mit, checken unter den Schildern »Nur für Karteninhaber« ein und blicken verächtlich bis gelangweilt auf die Schlangen vor den anderen Countern. Am Abfluggate ertragen sie genervt, aber tapfer das Gequengel der mitreisenden Kinder: Für die und deren Eltern ist der Flug ein außergewöhnliches Ereignis nach wochenlanger Vorfreude, für die Vielflieger eine unumgängliche Reise wie mit einer überfüllten Regionalbahn. Im Jet sitzen sie auf einem lange vorher reservierten Platz allenfalls in den Reihen eins bis acht, bestellen – so sie mit Air Berlin, dem Marktführer, reisen – ein Extraessen gegen Aufpreis (z. B. 9,80 Euro), das sie mit ihrer güldenen Kreditkarte begleichen, und ekeln sich spürbar kurz nach der Landung, wenn die anderen Passagiere der Besatzung klatschend dafür danken, dass sie die Insel erstaunlicherweise wieder einmal sicher gefunden hat.

Die Residenten kennen alle Schleichwege vom Ankunftsgebäude zum Parkhaus. Sie sind also schon längst auf der beidseits nach Oleander duftenden Autobahn, wenn die Radsportler, Golfer und anderen Besucher am Gepäckband noch knurrend auf ihre Taschen warten. Das kann im Sommer endlos lange dauern.

Ein bisschen Neid aufeinander eint beide Gruppen: Die Besucher auf Zeit wollen künftig auch mal so snobistisch cool sein wie die Residenten. Die dagegen wünschen sich, noch mal so unbeschwert locker und heiter sein zu dürfen wie die Pauschal- oder Individualurlauber, die in Netzhemd und kurzen Hosen an Bord gegangen sind.

Schließlich müssen sich die ständigen Bewohner immerzu um fehlendes Hauspersonal oder um die Sicherheit des Anwesens, dazu sommers um ihre vertrocknenden Gärten und die Sauberkeit des Pools, im Herbst um die Feuchtigkeit und aufsteigende Nässe in den Mauern, im Winter um den Kampf gegen das allgegenwärtige Unkraut und im Frühling um einen Platz an der Sonne mühen. Solange das Meerwasser nämlich nur die normale Winter-Höchsttemperatur um 13 Grad erreicht, wird es auf der Terrasse oder in den Straßencafés in Wassernähe ohne Heizung auch nicht viel wärmer.

Für die Unterscheidung zwischen Besucher und Einwohner hat man sich einen weisen Witz ausgedacht, der unter Residenten gern erzählt wird: »Im Himmel ist es öd und fad. Ein eben Verstorbener bittet Petrus um Abwechslung und um einen Kurztrip in die Hölle: ›Da soll doch der Teufel los sein!‹ Die Bitte wird ausnahmsweise erhört. Der Mann verbringt ein Super-Weekend mit Sex, Alkohol und Spaß. Zurück im Himmel findet er sein Leben noch langweiliger und bittet um dauerhafte Übersiedlung. Petrus gewährt die Ausreise – aber plötzlich ist die Hölle ganz anders: Der Mann wird gequält, geärgert und gefoltert; er beschwert sich beim Oberteufel: ›Neulich war alles viel schöner.‹ Der lacht ihn hässlich aus: ›Genau das ist der Unterschied zwischen einem Touristen und einem Residenten.‹«

Eine ganz spezielle Untergruppe der Residenten bilden die Superreichen. Man wird ihnen im Flieger für das einfache Volk nicht begegnen, weil sie diskret in Privatjets landen und sogleich mit Hubschrauber oder Limousine in ihr Refugium weitergeleitet werden. Ein solches Retreat ist meist eine private Halbinsel – etwa jene des Edelmodels Claudia Schiffer bei Camp de Mar –, die Neugierigen jeden Einblick verwehrt, oder eine Hyperyacht von der Eleganz der *Lady Moura*: 58 Meter lang, vier Etagen, jährliche Betriebskosten ohne tanken über 5 Millionen Euro, Kosten für einmal Volltanken etwa 600 000 Euro. Das Schiff, das einem libanesischen Bauunternehmer gehört, liegt oft im Club de Mar in Palma, manchmal im Hafen von Portals Nous.

Oder die Reichen verstecken sich, wie der frühere Bäckerei-Imperator Heiner Kamps bei Portals Vells, in Schlössern, die wie ein Adlerhorst über dem Meer thronen. Oder sie verhalten sich so fabelhaft diskret wie die Bertelsmann-Eigner Liz und Reinhard Mohn in ihrer Finca bei Pollença: Sie tauchen in der Öffentlichkeit einfach nicht auf. Nur wer will, gibt an: In Palmas Edel-Stadtteil Son Vida hoch über der Stadt, dessen einzige Zufahrt von Sicherheitspersonal ständig kontrolliert wird, protzen die riesigen Villen der Upperclass still vor sich hin, mit verzierten Eisentoren, Doppelgaragen und einem kleinen Ausguck für die Wachmannschaft.

Die zweite Gruppe der Mallorca-Besucher ist an den unglaublichen Gepäckmengen zu erkennen, die sie zunächst zum Abfertigungsschalter schleppen. Unförmige Koffer werden aus Gründen der Ersparnis als Handgepäck ausgegeben, und meist haben sie noch einen Originalkarton mit einem daheim gekauften Elektrogerät dabei, das man lieber mühevoll ins Gepäckfach über den Sitzen wuchtet, statt das gleiche Gerät (es ist eh aus Taiwan) günstiger in den riesigen Fachmärkten in Marratxí oder Col d'en Rabassa vor den Toren Palmas zu erstehen. Dies ist die Gruppe der zeitweiligen Bewohner – sie haben, ererbt oder früher mal gekauft, ein Apartment mit leicht eingeschränktem Meerblick oder ein einem Schrebergarten vergleichbares Grundstück, mit einer Unterkunft (*casita* – Häuschen – genannt), die im Jahresurlaub liebevoll ausgebaut, modernisiert und vergrößert werden soll. Material und Werkzeug sind Bestandteil des Reisegepäcks. Angeblich sind etwa 70 000 Deutsche Besitzer einer derartigen Immobilie auf der Insel.

Auf solche Reisegenossen schauen die Bewohner des Hamburger Hügels nur etwas schief herab. Dieser »Hügel« ist eigentlich eine Kette kleiner Bergkuppen, die sich von Son Macià im Nordosten über Felanitx/Porto Colom bis Ca's Concos kurz vor den Toren Santanyís hinzieht. Den edlen bis halb schrägen Ruf dieser Gegend begründete Wolf-Siegfried (»Wummi«) Wagner, Urenkel des Komponisten und früher selbst Eigentümer eines solchen Hügels, den er in Stücke parzellierte und mit von ihm entworfenen Häusern bebaute, die er beispielsweise seiner Schwester Daphne und deren Mann, dem Schriftsteller Tilmann Spengler (*Lenins Hirn*), oder der Hamburger PR-Lady (»Brioni«) Gräfin Königsegg verkaufte.

Seine Gattin Nona van Haeften, Eigentümerin eines Möbel- und Antiquitätenladens in Manacor, sorgte für den Rest, nämlich die Inneneinrichtung. Weil dem Paar in dieser Gegend ein gutes Restaurant fehlte, gründeten sie gemeinsam mit zwölf Hamburger Kaufleuten eine Genossenschaft, die in Porto Colom eine äußerst edle Futterstelle schuf – das Colon, betrieben von Dieter, dem einstigen Privatkoch des Paars.

Auf der anderen Seite von Felanitx, in Ca's Concos, wohin sich der einstige SPD-Chef und Radfahrerpräsident Rudolf Scharping mit seiner Gräfin gern zurückzieht, bedient der Hamburger Fotograf Rainer Fichel die nicht ganz so erlauchten Kreise der Hügelkette mit einfacheren Speisen in seiner nach dem Schnitzel benannten Dorfkneipe Viena. Die Gründungsgeschichte war ähnlich: Zur Finanzierung hatte er Anteilsscheine ausgegeben, die im Lauf der Jahre in Schnitzelform aufgegessen werden konnten.

Nicht nur für die Hügelbewohner, sondern für alle deutschen zeitweiligen oder ständigen Bewohner der Insel existiert ein, meist unsichtbares, Netzwerk hilfreicher Adressen, in dem Spezialisten aller Fachrichtungen ihre durchweg deutschsprachigen Dienste anbieten; denn den Umgang mit genauso begabten einheimischen Handwerkern oder Dienstleistern muten sich nur Mutige zu. Zugang zu diesem Netz erhält, wer in den meist »Deli« genannten deutschen Lebensmittelläden die Aushänge oder die ausgelegten Visitenkarten studiert: Da geht es um Fernseher-Reparaturen oder Satellitenschüsseln, um Markisen oder Heizgeräte, Speditionen oder Klempner, Hausverwalter und Gärtner.

Diese hilfreichen Geister erweisen sich, wenn man sie ruft, als äußerst kompetent. Mit der einheimischen Konkurrenz haben sie nicht nur das Fachwissen, sondern auch die Art der Rechnungsstellung gemeinsam: am liebsten ohne, bar auf die Hand, notfalls und nur auf Drängen mit einer handschriftlich verfertigten Quittung. In diesen Kreisen hat der Fiskus nichts zu melden. Schließlich machen es auch die örtliche Baumschule, der Brunnenbohrer, der Schlosser schon immer so, dass sie sich für die IVA genannte sechzehnprozentige Mehrwertsteuer einfach nicht interessieren; da wäre es doch unfair, wenn man mehr verlangen müsste als sie.

Jeder Deutsche, der genau dies will, kann Umgang und Bekanntschaft mit Einheimischen aufs Äußerste beschränken: Er kauft beim Inselmakler Matthias ein Grundstück, das der in einer der beiden deutschen Wochenzeitungen inseriert hat, lässt sich dabei von einem deutschen Anwalt in Palma beraten, beauftragt einen deutschen Baulöwen als Generalunternehmer, bezahlt dessen Rechnung in einer Inselfiliale der Deutschen Bank, bestellt beim deutschen Partyservice eine Einweihungsfete und reist zur Besichtigung mit einem Wagen an, den er bei der Firma des legendären, wenn auch verstorbenen Berliner Unternehmers Hasso gemietet hat. Die Möbel schafft ein deutscher Spediteur herbei; dabei gibt's an Palmas Autobahnring, der Via de Cintura, einen Ikea mit den gleichen Möbeln wie daheim.

Bier und Schinken beim Empfang stammen aus den gleichnamigen Straßen in Arenal, die Fleischwaren vom Wurstkönig Horst (Abel), das dunkle, frisch gebackene Brot aus der Drogeriekette von Erwin (Müller). Zur Einweihung singt der Malle-König Jürgen (Drews) Schlager der vorletzten Saison, wenn sie nicht sogar vom heimlichen Mallorca-Herrscher Dieter (Bohlen) oder von Peter (Maffay), dem Musikus der Intellektuellen, stammen.

So sind innerhalb der mallorquinischen Wirklichkeit ganze Parallelgesellschaften entstanden, denn in der *very British society* rund um Santa Ponça geht es ähnlich zu. Selbst die kleine Gruppe der etwa 5000 österreichischen Residenten hält tapfer zusammen in einem konzentrischen Kreis um den Galeristen Franz (Sailer) in Santanyí, früher war er Opernsänger in Salzburg. In Port d'Andratx oder Porto Colom gibt's für heimwehkranke Alpenländler Palatschinken, Marillenknödel oder Tafelspitz mit Apfelkren.

Als heimatloser, heimatferner Emigrant trifft man sich auf dem Wochenmarkt oder im Café, versorgt sich gegenseitig mit vermeintlichen Geheimtipps, guckt am Abend die über den Astra-Satelliten herbeigeschaffte Tagesschau, liest pünktlich zum Frühstück die nachts eingeflogene Tageszeitung aus Frankfurt (*FAZ*) oder Madrid (*Welt*), die über einen (deutschen) inselweiten Botenservice auch der entlegensten Finca zugeliefert wird – und erfreut sich eines besseren Klimas als in der kalten Heimat.

Den Zehntausenden von Rentnern rund um Paguera, Cala Millor oder Alcúdia, die zur Dreimonatspauschale inklusive Vollpension winters jene Hotels füllen, die eigens für sie geöffnet bleiben, geht es nicht viel anders. Sie fühlen sich rundum versorgt und können, statt auf Eisblumen an frostigen Fenstern starren zu müssen, an blühenden Mimosen (Januar), Mandelbäumen (Februar) oder Orangen (März) riechen. Oder mit Landsleuten kegeln gehen, Skat spielen, sogar einen Bridgekurs belegen, notfalls auch Spanisch oder gar *català* lernen, sollte das tägliche Dasein einmal zu viel an Langeweile bieten.

Nun also Ballermann.

Man muss diese Art von (aktiver) Lust und (passiver) Belustigung mögen, sonst geht es schon mal gar nicht, auch nicht als Stippvisite. Für jene Böswilligen, die auch mit Karneval-Fasching-Fastnacht nichts anfangen können, ist natürlich jede Frohsinnsbemühung in der Umgebung des *balneario 6*, in Deutschland Ballermann genannt, suspekt und schwer verständlich. Für die anderen, das ist eindeutig die Mehrzahl, übt gerade diese Atmosphäre eine besondere Faszination aus, seit sie 1997 auch noch von einem richtigen Filmregisseur mit Hollywood-Erfahrung, Bernd Eichinger, zu einem richtigen Spielfilm, allerdings einer schwer verständlichen, schwer verdaulichen Realsatire (*Ballermann 6*), umgesetzt wurde.

Das »Phänomen Ballermann« regte auch schon die Kunstszene an. Die Kuratoren einer Ausstellung im Badischen Landesmuseum mit diesem Titel ermittelten den mittleren Tagesabsatz an Bier und Sangria in der unmittelbaren Umgebung des *balneario 6*: Sie kamen auf jeweils 15 Hektoliter an täglichem Konsum.

Ballermann und Drumherum, das ist
- die (pure? aufgesetzte?*) Fröhlichkeit der Erlebnishungrigen,
- die Bereitschaft, (Selbstbewusstsein oder Würde*) loszulassen,
- die Hoffnung/Furcht*, Alkohol unter Gleichgesinnten bedeute Hemmungslosigkeit,
- ein Gemeinschaftserlebnis besonderer Art,
- das Wagnis/die Freude*, unter seinesgleichen singen/grölen* zu können,
- ein Spaß.

(* Nicht Zutreffendes streichen!)

Der Spiegel befand 1999 in gewohnt selbstkritischer Weise: Hier, am Ballermann in Arenal, »ist das Epizentrum der Heimsuchung Mallorcas durch die modernen Vandalen. Es ist kein anderer Ort auf Erden, an dem sich Deutschtum in dermaßen abstoßender Weise artikuliert«.

Dass kein wirklicher Deutschenhass aufkam, mag daran liegen, dass der Ballermann keineswegs von wilden deutschen Eindringlingen erobert wurde; vielmehr ergab er sich kampflos, weil satter Verdienst lockte. Das Lokal Oberbayern in Arenal, Stätte der größten und gröbsten Verbrüderungsszenen unter den nicht nur bayerischen Besuchern, könnte zwar deutscher kaum sein, gehört aber der Familie Barceló, die auf Mallorca, in der Karibik und andernorts in der Welt eine lukrative Hotelkette betreibt.

Auch die legendäre Alkoholschwemme Bierkönig wird inzwischen vom gleichen Management bewirtschaftet, weil der echte deutsche Bierkönig 1997 auf ungeklärte Weise samt Kind und Personal ermordet wurde. »Mafia auf Malle?«, titelte damals der deutsche Boulevard; aber so furchterregend wie in Neapel, Kalabrien, Sizilien oder gar Duisburg wurde es dann doch nicht.

Heutzutage nämlich sind am *balneario 6* die schlimmsten Auswüchse beseitigt. Heutzutage gehen die Sangria-Eimer schon aus hygienischen Gründen nicht mehr so locker von Hand zu Schlund oder nächster Hand: Aus den Fünf- oder Zehn-Liter-Plastikgefäßen wurden hie und da viel kleinere Gläser; nur die endlos langen bunten Trinkhalme sind geblieben.

Heutzutage ist es selbst (manchen) Wirten peinlich, in welchem Zustand sie, ihre Kneipen und ihre Kundschaft in einigen Fernsehproduktionen der Nachwelt überliefert wurden. Heutzutage kommt es auch den Verantwortlichen solcher Filmchen bei RTL 2 oder, seltener, Pro 7 seltsam vor, wie oft sie die zum Teil gestellten Sauf-, Sex- und Kotz-Orgien in ihren Programmen wiederholt haben, womit sie über die Jahre den Eindruck verfestigten, ganz Mallorca sei exakt so, wie dieses, ihr dumpfes Abbild vom Ballermann – *Saufen bis der Arzt kommt*.

Jedenfalls führte das Erschrecken über Art und Auswüchse des Billigtourismus bei den Verantwortlichen in Palma, sogar in Madrid zu spürbaren Anstrengungen. Zunächst wurde der Lärmpegel mit polizeilicher Hilfe auf leiser reguliert, damit Anlieger eine Chance haben zu schlafen. Es folgten der etwas oberflächliche Versuch, mit einer Namensänderung in *Platja de Palma* den Horror vor dem bisherigen *Arenal* abzubauen, und das politische Bemühen, mit dem Abriss einiger der schlimmsten Ein- oder Zweisternehotels demonstrativ zum Qualitätstourismus umzuschwenken. Nur Schaumpartys gehören weiter zu den Vergnügungen von Arenal – in dem harmlosen Schaum lässt sich besonders schrill und eindrucksvoll intensiv kreischen oder turteln.

Für jeden, der auf geile Dauerparty aus ist, beginnt so ein Partytag gegen Mittag mit brennendem Nachdurst, der zunächst im Trinkumsatz des Vortags zu stillen ist. Danach begibt sich, wer wieder Kraft hat, in einen der Schuppen wie Almrausch, Riu Palace oder in die Megadisco Megapark – zunächst, wie es die Szene verlangt, zum »Vorglühen«. Wenn dann der Motor, angefeuert durch Bier oder Sangria, rund läuft, wird der Ort des Geschehens ins Nachbarlokal verlagert. Allen Besuchern gemein sind aber der hohe Flüssigkeitsbedarf, die erstaunlich oft zum Ausdruck kommende Sangesfreude und die stark ausgeprägte Lust, alles zu erobern oder zu besteigen, was höher aufragt, auch wenn es dafür nicht gedacht ist – also Brüstungen und Geländer, Tische, Podeste, Bänke und Stühle. Wahrscheinlich wird so die (eigene) Standfestigkeit geprüft. Das *Mallorca Magazin* entsandte jüngst einen Reporter ins Getümmel; sein unerschrockener Bericht:

> Wer noch nüchtern genug ist, kann sich als neutraler Beobachter betätigen und das Spektakel quasi als Liveshow genießen. Als besonders beobachtenswert ist dabei das Balzverhalten der betrunkenen und aufgeheizten Partygäste zu empfehlen; spannend sind auch die Reaktionen nicht ganz so paarungswilliger Frauen bei entsprechend aufdringlichen Werbern.

Trotz aller Säuberungswellen hinterlässt Arenal also weiter bei eigentlich allen Besuchern einen bleibenden Eindruck – je nach Tages- oder Jahreszeit. Und tatsächlich ist die Szene ja keineswegs so grässlich wie ihr Ruf. Das Klima im Osten der Bucht von Palma ist, auch im Winter, besonders mild. Die Strandpromenade ist hübsch, verglichen mit mancher Inselkonkurrenz sogar edel ausgebaut. Der breite, vier Kilometer lange Sandstrand ist für Mallorca einzigartig und (normalerweise) besonders gepflegt, auch – mit den fünfzehn *balnearios* – besonders überwacht. Der Verkehr auf der Straße am Strand ist seit Jahren durch ein ausgeklügeltes System von Stich- und wechselnden Einbahnstraßen beruhigt. Unsere Nachbarn Brigitta und Gert, beide schon gesetzten Alters, verbringen manchen Weihnachts- oder Silvesterabend in Arenal: Da fühlen sie sich nicht so allein.

Dem Spaziergänger, der die Promenade entlangschlendert und die würzige Meeresluft einatmet, geht es wie in Westerland, Miami, Whitby oder Rimini: Nichts hier kommt ihm spanisch vor.

Feste Feste feiern.

Firas und Fiestas

Der österreichische Erzherzog Ludwig Salvator war im 19. Jahrhundert einer der ersten begeisterten Balearen-Touristen, ein Wiederholungstäter und Inselforscher, dessen Notizen und Zeichnungen einen voluminösen Umfang erreichten. Sein neunbändiges Standardwerk über die Inseln wurde 1878 bei der Weltausstellung in Paris mit einer Goldmedaille prämiert. Einen unveränderten Nachdruck in zwei monumentalen Bänden mit 940 Seiten kann man (zu einem allerdings stolzen Preis) in den 22 Filialen des Inselmaklers Matthias Kühn erstehen.

Selbst ein Jahrhundert später, im Zeitalter von Fernsehen und Internet, von Billigfliegern und Hochgeschwindigkeitsfähren, haben die meisten Beobachtungen des *arxiduc*, wie die Einheimischen ihn voller Respekt nach wie vor nennen, noch Bestand: »Die Anhänglichkeit an die Heimat ist bei den Mallorquinern besonders stark ausgeprägt; sie betrachten ihre Insel, die sie mit einem rührend-zarten Ausdruck Sa Roqueta (die kleine Klippe) nennen, und die heimatliche Lebensweise als das Beste und Schönste auf der Welt.«

Wenig hat sich geändert. Zwar muss Rafael Nadal, einer der besten Tennisspieler zu Beginn des 21. Jahrhunderts, seiner Heimat Manacor und der Insel immer mal wieder *adéu* sagen, wenn er bei den ATP-Turnieren in aller Welt aufschlägt, aber der Mallorquiner als solcher verlässt die Insel (möglichst) nie. Unsere Verwalter – Sebastian sorgt sich um den Hof, Gattin Maria-Magdalena um den Haushalt – haben in den knapp sechzig Jahren ihres Lebens noch niemals eine Fernreise unternommen: nicht zu einem Kurztrip auf die Nachbarinseln Ibiza oder Menorca, nicht zu einer Städtereise nach Barcelona, schon gar nicht zu einem Flug nach Deutschland, zu dem wir sie einladen würden, wenn wir nur dürften. Der Mallorquiner sucht sein Vergnügen daheim. Das ist das Vergnügen.

Wer an einem Sommertag mittags bei flimmernder Hitze durch die Dörfer fährt, mag das kaum glauben. Die engen Gassen, karrosserieschädigend im rechten Winkel die anderen querend, wirken verlassen wie ein längst aufgegebenes Goldgräberdorf des Wilden Westens. Dort würde freilich noch das Türschild des früheren Saloons im Winde knarren – hier aber ist nichts: keine Werbung für ein Geschäft, kein Hinweis, keine Käufer, keine Kinder, nur Öde, abweisende Verschlossenheit und herabgelassene Rollläden, sogar vor den Schaufenstern. Kunden und Passanten essen zu Hause ihr *pamb óli* oder in der nächsten Kneipe das *menú del dia*. Die Kinder sind außerhalb der gut zweimonatigen Ferien ganztags in der Schule. Der Insulaner hält Siesta, ausführlich, meist bis gegen halb fünf. Erst danach öffnen sich quietschend die

Markisen und Verschläge, hinter denen er sich verschanzt.

Wer aber das Glück hat, beim zufälligen Vorbeifahren einen Blick ins Innere eines Hauses zu erhaschen, etwa weil der Hausherr gerade aus dem Gasthaus heimkommt, der sieht die andere Wohnidee, jedenfalls in bürgerlichen Vierteln: Hinter der Haustür liegt ein unglaublich aufgeräumter Empfangssalon für jene Gäste, die sich irgendwann ins Innere verirren müssen – etwa der Briefträger, der Stromableser oder der Mann vom *ajuntament*. Vom Salon führt eine Tür in den Patio, den Innenhof, und erst dahinter oder, über eine Treppe erreichbar, darüber im oberen Stockwerk beginnt das Allerheiligste, der Wohntrakt für die Familie, der Fremden auf ewig verschlossen bleibt.

Dies arabische Erbe der Insel, das in der Hauptstadt Palma seit dem 13. Jahrhundert ziemlich erbarmungslos geschliffen wurde – Ausnahme: die wenigen Stadtpaläste der wirklich reichen Familien –, hat sich in den Dörfern als Wohn-Gewohnheit bis zum Bau der ersten Apartmentblocks und daneben bis heute erhalten. Intimere Einblicke ins Familienleben der Insulaner bieten sich nur dem, der im Hochsommer vor Mitternacht über die Dorfstraßen – etwa in Campos – schlendert und dabei all den Stühlen ausweichen muss, die von den Bewohnern der Hitze wegen auf die winzigen, täglich geschrubbten Bürgersteige oder gleich auf die Straße gestellt werden. Die diskreten Insulaner, auf der Straße sitzend, wenden den anderen ihren Rücken zu und blicken ins Hausinnere, weil dort der Fernseher läuft. Die anderen, mutigeren suchen Gesprächskontakt zum Nachbarn, der ja auch auf dem Asphalt sitzt, oder sogar Blickkontakt zu dem Fußgänger, der seltsamerweise um diese Tageszeit durch die Gassen schlurft. Was will er da? Hat er kein Zuhause? Ist er gar einer dieser *ladrones* (Tagediebe), die nach fester Überzeugung der Einheimischen wie Kobolde über die Insel ziehen, nur Schabernack im Sinn? Diese Kerle reißen die Wäsche von der Leine (dabei ist es der Wind), verstellen immerzu die Außenspiegel der parkenden Autos (Fußgänger, die sich einen Weg bahnen) oder lassen in der Früh die teuren Alarmanlagen der Häuser der *forasters* aufheulen (Katzen oder Bisamratten).

Ein Mallorquiner braucht keine Alarmanlage, weil er sein Haus ja möglichst nicht verlässt. Wenn aber doch, dann meist zu seinem Vergnügen; und dann sind alle Nachbarn Freunde, Verwandte, selbst *ladrones* auch dabei und feiern miteinander.

Über die Jahrhunderte hat er sich dafür viele Anlässe geschaffen, und die meisten davon haben mit seinem immer noch sehr präsenten Glauben zu tun: 98 Prozent der Mallorquiner sind katholisch. Durch das katholische Kirchenjahr, beginnend an Allerheiligen (1. November), zieht sich eine Kette von Feiertagen, die etwa alle 40 Tage schon im Mittelalter und zu Zeiten der Sechstagewoche das Arbeitsleben und den Alltag auflockerten: Weihnachten, Dreikönigstag, Karneval, die absolut heilige Karwoche (*semana santa*) vor Ostern, dann Johannistag und Mittsommerwende mit ihren Johannisfeuern (*nit del foc*) überall auf der Insel. Die spätsommerliche Lücke ergänzen weltliche Feste zu Ehren der Schutzheiligen eines Dorfes (August) und die Freudenfeiern nach einer guten Ernte, der Weinlese oder dem herbstlichen Schlachttag (*matanca*).

Und wenn mal ein Feiertag auf einen Sonntag fällt? Dann hat in Deutschland der Arbeitnehmer Pech und sein Chef Glück. Solche fatalistischen Betrachtungen sind jedem Mallorquiner völlig fremd. Ein Feiertag am Sonntag wird zwar respektvoll als solcher begangen, dafür aber wird der eigentlich verlorene Sonntag auf den folgenden Montag verschoben; das öffentliche Leben steht an beiden Tagen still. *Festes* sind so heilig wie der Feiertag oder eben der *diumenge*, der Sonntag. Daran soll der Mensch nicht rühren.

Dem Urchristentum begegnet man am Heiligen Abend bei der immer überfüllten mitternächtlichen Christmette in der Kathedrale La Seu in Palma oder bei ähnlich traditionellen Gottesdiensten zum 24. Dezember im Kloster Lluc, in Manacor oder Sineu: Überall dort und in manch anderen Kirchen singt ein zehn- bis zwölfjähriger Knabe – wenn es bei den Jungs an Sopranstimmen mangelt, manchmal auch ein Mädchen – den höchst eigenartigen *cancó de la Sibil·la* von der Kanzel herab, und man kann sich vorstellen, wie früher der bedrohliche Text ausgerechnet am Heiligen Abend auf die einfachen Gläubigen gewirkt hat. Hier Auszüge in einer Übersetzung des Erzherzogs Ludwig Salvator:

> »Am Tage des Jüngsten Gerichts
>   wird derjenige, der keinen Dienst
>   erwiesen hat, ins Verderben geraten.
> Jesus Christus, der allgemeine König,
>   Mensch und wahrer ewiger Gott,
>   Wird vom Himmel kommen, um zu richten,
>   und jedem geben, was ihm gebührt.
> Ein großes Feuer wird vom Himmel herabkommen,
>   Meer, Quellen und Flüsse, alles wird verbrennen,
>   die Fische werden ein großes Geschrei anstimmen,
>   indem sie ihre natürliche Kraft verlieren.

Die Sonne wird ihre Klarheit verlieren,
   sich dunkel und verändert zeigen,
Der Mond wird kein Licht geben,
   und die ganze Welt wird Trauer sein.
Er wird zu den Guten sagen: »Kommt, meine Kinder,
   Glückselige! Nehmt in Besitz
   das Reich, das ich euch bereitet habe,
   Seitdem die Welt erschaffen wurde.«
Zu den Bösen wird er zornig sagen:
   »Gehet, ihr Verfluchten, zu den Qualen,
   Gehet in das ewige Feuer,
   zu eurem Fürsten der Hölle!«
Bescheidene Jungfrau, die in dieser Nacht das Jesuskind geboren hat,
   wir wollen zu deinem Sohn beten,
   dass er uns vor der Hölle bewahre.
Am Ende des Jüngsten Gerichts
   wird derjenige, der keinen Dienst erwiesen hat,
   Ins Verderben geraten.«

In der römischen Mythologie war Sybille eine von zwölf weisen und weissagenden Frauen, die dem Kaiser Augustus Christi Geburt treffend vorausgesagt haben soll. Die seltsam getrennte Schreibweise *Sibil-la* erklärt sich aus dem Sprachgebrauch des *mallorquí*, nach dem ein Doppel-L wie ein J ausgesprochen wird, das getrennte L aber so normal wie im Deutschen.

Mit den Daten aus dem katholischen Kirchenjahr ist das Kalendarium mallorquinischer Feste allerdings nur grob umrissen. Ein Beispiel für die exzellente Mischung aus Brauchtum und Nationalstolz ist die erste Dezemberwoche: Der 6. Dezember, der Verfassungstag, und der 8. (»Mariae Empfängnis«) lassen sich durch Brückentage verbinden, die den Fremdenverkehr und die Festlaune nachhaltig beleben. Im gesamten Jahresverlauf schieben sich zwischen die kirchlichen immer mal wieder Festivitäten heidnischen oder historischen Ursprungs – etwa die *festa del pi*, ein Fruchtbarkeitsritual für die Pinie, in Campanet und Pollença, oder die Volksfeste *de moros i cristians*, bei denen die Bewohner der Hafenstädte Sóller (Anfang Mai) oder Pollença (2. August) ihrer historischen Siege über die »ungläubigen« Mohren/Mauren in der Mitte des 16. Jahrhunderts gedenken, als ihre Vorfahren in Nachthemden die übermächtigen Piraten oder Sarazenen nur mit Stöcken ausgerüstet vertrieben.

Josep Moll Marques, mallorquinischer Volkskundler und Politiker, schilderte seine Eindrücke von diesem alljährlichen Kampf der Kulturen und beschrieb einen »eigentümlichen Geruch, der über den Kämpfenden schwebt« – es riecht überall nach *mesclat*, einem Gebräu aus *palo*, einem inseltypischen Magenbitter etwa aus Llucmajor, und *hierbas*, dem Anisschnaps aus der Tramuntana, der bei den Siegern Mut und bei den Verlierern den Mut der Verzweiflung erzeugt.

Höchster historischer Feiertag in der Inselhauptstadt ist die *festa de l'Estendard*, eine Prozession, bei der die Mitglieder des Stadtrats die Standarte des Königs seit nunmehr fast 800 Jahren durch die Altstadt bis zum Rathausplatz tragen. Auch dabei geht es natürlich wieder einmal um die *moros*: Der Marsch am Silvestertag erinnert an den Sieg des katalanischen Königs Jaume I. über die Araber und an die Einnahme der maurischen Stadt *medina majurka* am 31. Dezember 1229.

In der Silvesternacht, in der das Fernsehen um Mitternacht die Glockenschläge des fernen madrilenischen Rathauses auf der Puerta del Sol überträgt, ist jeder Spanier, jeder Besucher aufgefordert, sich pro Glockenschlag eine der riesigen, extra importierten Weinbeeren mit einem Neujahrswunsch möglichst ohne Schluckbeschwerden einzuverleiben – nur mit den Trauben des Glücks, den *uvas de la suerte,* wird das neue Jahr wirklich gut.

Wer will, kann danach den Januar durchfeiern: Am 5. Januar, dem Vorabend der *l'adoració dels Reis Mags,* beginnt das Weihnachten der Geschenke und der Kinder. In jedem Dorf erscheinen die Heiligen Drei Könige, in Palma und den Küstenorten per Schiff, im Inselinnern zu Fuß, auf Pferden oder auf Traktoren, und in ihrem Tross bringen sie die Geschenke für die Kinder mit.

In Porreres etwa mit seinen 6000 Bewohnern sind dafür drei bis vier voll bepackte Lastwagen nötig, die vor der Stadtkirche haltmachen, während die Könige hoch zu Ross durch die weit geöffneten Portale reiten, am Altar absitzen und dort ein Jesuskindlein samt seiner Maria grüßen und herzen; dabei handelt es sich traditionell um das jüngste Baby der Gemeinde und seine Mama. Danach geht der Zug zum nahen Rathaus, wo sich der Alkalde oder *batle* vom Balkon des Rathauses dem gemeinen Volk zuwendet und mit ein paar Worten seine eigene und des Tages Bedeutung zum Ausdruck bringt.

Alle Bars und Cafés haben geöffnet, die Stühle stehen auf dem Bürgersteig, die Wirte schenken gegen die abendliche Kälte spanischen Weinbrand aus. Das ganze Dorf ist eine Familie, und die feiert hier nicht im Stillen: Im allgemeinen fröhlichen Wirrwarr schleichen sich die Kinder an die Geschenke-Laster heran und versuchen herauszufinden, ob die Könige diesmal endlich das ersehnte Fahrrad oder doch wieder nur einen Wintermantel eingepackt haben. Später erst, wenn der Cognac wirkt, werden die Geschenkpakete mit der weithin sichtbaren Anschrift den eigentlichen Empfängern zugestellt und ausgehändigt.

Niemand weiß, wie lange die Kinder daran glauben, dass es wirklich die Könige sind, die eigens für sie so viele Mitbringsel heranschleppen, oder wie lange sie schon ahnen, welche Nachbarn sich unter den Königskostümen verbergen. Aber schon bald sind sie es, die alle Geschenke für ihre Kinder morgens an der Sammelstelle beim *ajuntament* abgeben.

Schon am 17. Januar folgt das nächste Fest, der Tag von Sant Antoni, dem Patron aller Haustiere; an diesem Tag beginnt offiziell die Ernte der Orangen und Zitronen. In großen Freudenfeuern werden der Baumschnitt und die alten Weinruten verbrannt; lauter kleine Teufel – verkleidete Dörfler – tanzen um die Flammen und freuen sich auf die nächste Obst-, Oliven- oder Weinernte. Der *petit verano*, der kleine Sommer, und mit ihm die wilde gelbe *calendula* (Studentenblume), die weiße *revenissa*, ein huflattichähnliches Unkraut, und die Mandelbäume stehen längst in voller Blüte.

Drei Tage nach Sant Antoni ist Namenstag für Sant Sebastià, den Schutzpatron von Palma, der dort mit großen Feierlichkeiten begangen wird. Im Februar schließt sich der Karneval an, wieder, muss man sagen, denn unter dem Franco-Regime war ausgerechnet jene Festivität verboten – vielleicht, weil man bis dahin schon genug gefeiert hat; wahrscheinlich aber eher, weil Franco eine karnevaltypische Kritik an seiner Amts- und Staatsführung vermeiden wollte.

Am Aschermittwoch dann beginnen die eigentlich trostlosen vierzig Tage des Fastens und der Fleisch-Enthaltung; aber die Mallorquiner sorgten für eine kleine Abkürzung: Am Palmsonntag schon beginnt ihre heiligste Zeit, die *semana santa,* mit Prozessionen und geheimnisvollen Umzügen der etwa fünfzig *cofraries* (Bruderschaften), die heute zuweilen durch Schwesternschaften aufgelockert werden: In lange Kapuzen gehüllte Gestalten, vermummte Kerzenträger und Trommler folgen in diesen Bußprozessionen einem vorangetragenen Christusbild und halten oft an einem der 192 historischen Wegkreuze inne. Schon Tage vor den Prozessionen beginnen die Proben und Treffs der Kapuzengestalten, die nur äußerlich an die Furcht einflößenden Ku-Klux-Klan-Figuren in den US-Südstaaten erinnern. Bei den meisten dieser Umzüge wird zu den monoton dumpfen Trommeln gern auf dem mittelalterlichen, etwas quäkigen mallorquinischen Dudelsack (*xeremia*) gespielt.

Von den *festes* zu den *firas*: Nicht minder eindrucksvoll sind die Dorffeste, die meist mit kleinen Verkaufsmessen verbunden sind und durchaus eine ganze Woche dauern können. Volkstänze, Tennisturniere, Schwimmwettbewerbe, Open-Air-Filmvorführungen – für alle Altersgruppen ist etwas dabei.

Die Straßen rund ums Rathaus oder am Dorfplatz sind gesperrt, das Zentrum ist mit Schatten spendenden Girlanden aus Krepppapier geschmückt, die von Drähten baumeln, die zwischen den Häusern gespannt sind. Wo Autofahrer sonst vergeblich einen Parkplatz für den Einkauf beim Bäcker oder den Plausch im Café suchen, stehen riesige weiße Zelte, unter denen endlos lange, schmale Tischreihen aufgebaut sind, an denen aus übergroßen Backblechen oder noch größeren Paella-Pfannen *coca* ausgegeben wird – kein Getränk, sondern ein pizzaähnlicher, im Idealfall noch warmer Gemüsekuchen, der an einem solchen Feier-Abend auf Kosten des (Rat-)Hauses oder des Bürgermeisters geht.

Diese gemütlichen Dorfgemeinschafts-Abendessen werden nach Einbruch der Dunkelheit gekrönt und erhellt durch ein lautbuntes Feuerwerk aus der inseleigenen *pirotecnica,* das eigentlich immer gleich aussieht, aber bestaunt und beklatscht wird, als gehe es um eine neuartige exotische Kreation.

In den Weinbaugebieten werden Weinfeste, in der Nähe der Melonenfelder Melonenfeste gefeiert. Die Melonenverkäufer – etwa bei den Feierlichkeiten von Vilafranca kurz vor Manacor Anfang September – variieren ihre Melonenhäppchen mit neuen Rezepten: Melonensuppe, Meloneneis, Melone zu Fisch oder Fleisch, Melone zu Gamba-Stäbchen und schließlich – ganz wichtig – der Wahl einer *senorita meló.*

Seit mehr als 400 Jahren wird in Inca der *dijous bo,* der »gute Donnerstag« gefeiert – ein Markt mit inzwischen 800 Ausstellern und einem Gedränge wie sonst nur auf dem Flughafen. In Caimari ist die *fira* den Oliven gewidmet, in Llubi dem Honig, in Manacor den Waldpilzen und in Montuïri dem Rebhuhn.

Während des Haupt-Eventmonats August stehen in den ländlichen Gebieten das Geschäftsleben und das Gewerbe still. Die Ladeninhaber haben für die Vormittage einen Notdienst eingerichtet; fast alle Bauunternehmen haben Betriebsurlaub. Die Stadtverwaltungen haben das Recht, für ihre Kommunen (bis zu) drei Feiertage zusätzlich zum offiziellen Kalender auszurufen, und so ist es wie selbstverständlich, dass *festes* und *firas* das Leben der Einheimischen bestimmen.

Nach der *coca*-Sause kann die *fira* ganz leicht und unbemerkt in rauschhafte Disconächte übergehen oder gar entarten. Die Inseltradition sieht vor, dass Musikdarbietungen und Tanz für die älteren Herrschaften gegen Mitternacht *poc au poc* abgelöst werden von härteren Rhythmen für die Jugend, deren Dezibelzahl gen Morgengrauen expotenziell steigt. Die Jüngeren sollen damit angehalten werden, ihre Nächte im Dorf zuzubringen, und davon abgehalten, die echten Discos in Palma (oder im Sommer Cala Ratjada) aufzusuchen, von denen die trendigsten meist erst um vier Uhr früh öffnen.

Wer, älteren Semesters, sich von der Musik als Lärm genervt fühlen sollte, hat keine Chance: Die *policia local*, zuständig für die Annahme von Beschwerden, tanzt entweder mit oder kann Beschwerden nicht am Telefon entgegennehmen, weil es zu laut ist.

Hoffnung auf Ruhe bieten erst die nächsten Abende: Dann werden *firas* in den Nachbardörfern gefeiert, mit *coca* und mit Feuerwerk natürlich und oft genug mit denselben Mallorquinern, denn die meisten Einheimischen sind untereinander verwandt, verschwägert, befreundet. Aber vielleicht treibt der Wind diesmal die Melodien und besonders die Bässe in eine andere Richtung.

Tords, toros und Toreros.

Von Tieren und Menschen

Im Spätsommer morgens um halb acht auf dem *campo*, dem Lande. Es dämmert noch, da peitschen die ersten lang hallenden Schüsse über die Insel. Dunkle Gestalten in wallenden Lodenmänteln huschen über die abgeernteten Felder, tragen auf den Schultern schwer an der Last ihrer meterlangen, vermutlich vom Großvater ererbten Flinten, die sie beim kleinsten verdächtigen Geräusch blitzschnell in Stellung bringen. War es ein Rebhuhn? Ein Rothuhn? Ein Hase?

Meist ist das, was folgt, der Beginn einer Kaskade von Fehlschüssen, weil wenige Meter neben dem Schützen sein ebenso pirschender Freund, nicht aber ein Kaninchen auf einen Zweig getreten ist; doch der erste Schuss verleitet alle Hobbyjäger der näheren und weiteren Umgebung, nun ihrerseits loszuballern, was die Waffe hergibt. Wir haben eines Morgens innerhalb von zwei Minuten achtundfünfzig Schüsse gezählt – so viel Wild hält die Insel überhaupt nicht mehr bereit. Schließlich wird auf ihr geschossen, seit das Pulver erfunden wurde.

Allerdings hat, rein statistisch gesehen, jeder zehnte Mallorquiner – egal, welchen Alters und Geschlechts – daheim eine Waffe im Schrank; 70 000 sind bei den Behörden angemeldet. An den angeblich 30 000 Jagdrevieren oder -parzellen verwehrt ein schwarz-weißes Schild mit der Aufschrift *Coto privado de caca* bewaffneten unbefugten Eindringlingen den Zutritt. Und tatsächlich ist äußerste Vorsicht angebracht, etwa wenn sich Brigitte, meine Frau, sonntagmorgens durch den Kugelhagel mutig zum Bäcker durchschlägt.

Unter den 20 000 anerkannten und organisierten Jägern auf der Insel herrscht so etwas wie eine fröhlich-lustvolle Panik: Jeder möchte der Erste sein, der ein Reh oder gar eine Antilope erlegt. Aber beide Tierarten sind seit zwei bis drei Jahrtausenden ausgestorben; nur Knochenfunde in abgelegenen Höhlen künden von der einstigen Existenz. So müssen sich die Waidmänner mit Wachteln oder Schnepfen als Jagdbeute begnügen; im Hochgebirge der *Tramuntana* ist, streng reglementiert, auch mal der Abschuss einer der etwa 30 000 Wildziegen erlaubt, die dort oder im Naturschutzgebiet Llevant im Umkreis von Artà noch leben.

Auf der Insel Cabrera allerdings, die im Süden bei Sa Ràpita Mallorca vorgelagert ist und der die *cabres* einst wegen ihrer Menge den Namen gaben, lebt heute keine einzige Ziege mehr; sie fielen dem Jagdeifer der größeren Nachbarinsel zum Opfer. Erst danach wurde Cabrera unter Naturschutz gestellt.

Ohnehin beweisen die mallorquinischen Jagdregeln den Hang der Ureinwohner zur bürokratischen Wildheit. Alle Hobbyjäger sind mit einem winzigen Folder der

Balearen-Regierung mit der Aufschrift *Ordre de vedes – temporada de caca* ausgerüstet, aus dem sie, wenn sie ihre Brille nicht vergessen haben, sofort ersehen können, dass der eben abgegebene Schuss widerrechtlich, also nicht waidmännisch war: Vielleicht ist es Samstag, und sie trafen ein Häschen; das ist nur donnerstags oder sonntags erlaubt. Kaninchen dagegen dürfen fast immer bejagt werden, außer montags. Montags und mittwochs sind ohnehin jagdfreie Tage, wohl zur schnelleren Erholung der Tierbestände. Das Rebhuhn freilich muss auch montags achtgeben, jedenfalls zwischen Oktober und Februar.

Haben die Jäger einen oder mehrere ihrer edlen abgerichteten Jagdhunde dabei, muss gerade Samstag sein. Mit einem anderen Hund »beliebiger Rasse« dürfen sie auch sonntags raus auf die Pirsch. Und haben sie dann endlich alle Daten auswendig gelernt, ist die Jagdsaison vorbei und eine neue beginnt, mit neuen Tagen und Terminen. Man müsste mal Mäuschen sein in den Amtsstuben der Balearen-Regierung, wenn die Interessen der Jäger, der Bürokraten und der Umweltschützer aufeinanderprallen. Die Stubenältesten gewinnen immer. Aber wer kontrolliert, ob und wie diese bekloppten Regeln in der Praxis befolgt werden?

Früher gehörte der Fang von Drosseln, *tords*, zu den Hobbys aller Freunde der Jagd – also aller männlichen Insulaner. An der Spitze von zwei langen Bambusstangen war ein einige Meter breites engmaschiges Netz befestigt. Fielen die Drosselschwärme – als es solche noch gab – während der Vogelzugsaison über die Insel her, jagten die Mallorquiner mit diesen Waffen ihre Beute, um mit dem Fleisch ihre Brotsuppe anzureichern. Als wir unser herrenloses Grundstück zum ersten Mal besichtigten, war ein solches Netz noch zwischen einigen Aprikosenbäumen aufgestellt, ich habe es heimlich entsorgt. Dank der unermesslichen Güte der EU und ihrer Tierschutzverordnung ist es mit dieser Quälerei aber jetzt und für alle Zukunft vorbei.

Jetzt werden die *tords* erschossen, jedenfalls zwischen dem 14. Oktober und dem 27. Januar; aber keinesfalls einfach so an jedem Tag – erlaubt sind Dienstag, Donnerstag, Samstag, Sonntag und jeder Feiertag. Auch die Zahl der Opfer ist streng begrenzt: Ein einzelner Jäger darf pro Tag maximal 15 Drosseln abknallen (das bedeutet: wenigstens 15 Schüsse!), eine Jagdgruppe 12, ein Jäger mit Hund höchstens 8 Tiere. Es ist also an alles gedacht, jeder Pazifist – Vegetarier gar – mag beruhigt sein. Und wer aus Angst, vielleicht sogar aus Tierliebe Jagd und Jäger von seinem Grundstück fernhalten will, der kann sein Gelände zu einem *refugi de caca* erklären lassen; ein derartiges Jagdschutzgebiet setzt allerdings voraus, dass das Gelände wenigstens eine Fläche von zehn Hektar hat – kein Problem für Peter Maffay und seinen Besitz. Bei den anderen wird weitergeballert.

Zur *illa de la calma* wird Mallorca dann schlagartig von Februar bis Sommeranfang. Für Jäger wiederum eine schier unerträgliche Zeitspanne.

Dafür halten sie sich an ihren Haustieren schadlos. Man sagt es ungern, aber man kann sagen: Es gibt in Mitteleuropa, im Mittelmeerraum, kaum einen Volksstamm, der dermaßen gefühl- oder lieblos mit seinen Haustieren umgeht. Don Pedro, Spross eines alten Adelsgeschlechts in der Gegend um Porto Cristo, kettet seinen Hund und sein Pferd in glühender Sommerhitze an Pflöcken an, fernab jeden Schattens und jeden Wassers. Er empfindet keinerlei Scham. *Una palabra*: Was schon immer so war, kann nicht falsch sein.

Mitten auf dem *campo* sind wir ganzjährig, besonders aber nachts umgeben von Dutzenden der hübschen Wiedehopfe (*en català: puput*) – ein lerchengroßer Vogel mit braun gefiedertem Körper, über dem sich die schwarzweiß gestreiften Flugfedern wölben. Auf dem Kopf trägt er ein Krönchen, fällt aber besonders deshalb auf, weil er nachts aktiv ist und ein spitzes Pfeifen hören lässt, das auch Tiefschläfer beunruhigen kann. Bei seinem ersten Besuch, nach seiner ersten Nacht bat uns unser Freund Matthias, nachts doch die scheußlich schrille Alarmanlage abzustellen. Wir versicherten ihm, das sei ein Vogel, der so pfeift. Da fand er den Lärm plötzlich schön und erträglich.

Susanne, eine Trompe-l'œuil-Künstlerin, malte uns einen Wiedehopf – sozusagen als Mallorca-Symbol – auf eine leere Wand unseres Esszimmers. Als Maria Magdalena, eine der Seelen unseres Haushalts, den Vogel sah, war sie recht verwirrt: »Aber – man kann ihn doch nicht essen...«

Er gilt auf der Insel, auch unter deutschen Jägern, als »Stinkhahn« – was nicht zutrifft, schon gar nicht bei einem gemalten Tier. Erlaubt ist es nicht, aber gern feuern auch die Jäger auf ihn, um ihre Treffsicherheit einzuüben. Schöner ist seine Rolle in der arabischen Dichtkunst – da gilt er als Liebesbote, seit König Salomo einen Wiedehopf mit einer Botschaft zur Königin von Saba geschickt haben soll. Aber das ist lange her, zu lange; denn dass es einmal eine arabische Tradition auf der Insel gab, das wird ganz gerne vergessen.

Nach mallorquinischer Tradition haben Tiere eine Funktion zu haben, sonst braucht man sie nicht. Hunde bewachen, angekettet, den Hof oder angeleint das Haus im Dorf. Hühner legen Eier und schmecken, Gänse verscheuchen Eindringlinge, schmecken aber auch. Pferde dienen der Feldarbeit oder dem Ausritt, den man mit dem ganzen Stolz eines Spaniers absolviert.

Esel und Mulis sterben gerade aus, weil man sie nicht mehr benötigt. Esel werden fast nur noch von deutschen Liebhabern gehalten, die sich dann wundern, wenn der geliebte Esel sie in der Paarungszeit seinerseits lieb haben – also bespringen – will. Einen Schoß- oder Zierhund zum Gassigehen auszuführen gilt unter Insulanern als »weibisch«, gar als widernatürlich. Solche Hunde hat man nicht. Katzen gelten natürlich erst recht als weibisch, man braucht sie nicht mal zum Verjagen der Mäuse und (Bisam-)Ratten, denn diese nützliche Aufgabe erledigen die Wildkatzen, die – als Nachfahren einer irgendwann versehentlich importierten Edelkatze – inzwischen zu Zehntausenden die Insel bevölkern. Vorteil aus Sicht der Mallorquiner: Man muss sie nicht eigens füttern, sie versorgen sich selbst. Und wenn nicht, machen das die Deutschen.

Unsere Nachbarin Brigitta horcht die Müllcontainer des Dorfes immer wieder auf Geräusche von Welpen oder Katzenjungen ab, die von ihren Stiefeltern so entsorgt wurden. Ihr Tierbestand wächst weiter. Mindestens einmal im Jahr findet Gabriela, die Malerin, einen jungen Hund auf ihrem Grundstück; der Nachbar – ein Schäfer – hat das Tier über die Mauer geworfen, weil er weiß, wie tierlieb die Deutsche ist. In ihrem Atelier sind bald mehr Hunde als Farben. Andreas, einem Schriftsteller, der nur alle sechs Wochen mal kurz auf der Insel ist, sind inzwischen fünf Katzen zugelaufen, bei uns waren es erst vier.

Als wir im »Natura-Park« bei Santa Eugènia unsere vier bestellten Gössel, Nachkommen von einem Toulouser Gänsepaar, abholten, war alles vorbereitet: die Rechnung und ein Karton von der Größe einer Weinkiste, sorgfältig verschnürt und zugeklebt; von innen war leises Kratzen zu hören. Wir baten den Tierpfleger, den Kleinen etwas Luft zum Atmen zu verschaffen. »Kein Problem!«, rief er, zog ein Messer mit langer Klinge und stach durch die Wellpappe mehrfach zu. Selbst der Mallorquiner Sebastian, unser Majordomus, war empört, als wir ihm das rüde Verhalten schilderten: »Die behandeln ja Gänse wie Hunde!«, rief er – und hatte auch damit recht.

Trotzdem, immerhin: In Mallorcas Tierheim Son Reus werden pro Jahr etwa 6000 herrenlose Tiere abgegeben. Ein Drittel davon muss entsorgt werden.

Einmal im Jahr, am Festtag Sant Antoni, dem 17. Januar, erwacht bei den Ureinwohnern so etwas wie Tierliebe, oder ist es die Scham über die anderen 364 Tage? Da werden die Tiere, die dies mit sich machen lassen, in die Kirchen geschleppt, um den Segen des Pfarrers zu empfangen.

So etwas wie Stolz auf die eigenen Arten – oder gar Tierliebe? – hat den »balearischen Rat für endemische Arten« bewogen, 31 Tierarten unter seinen besonderen Schutz zu stellen – dazu gehört der *ase mallorquí*, der einst so inseltypische Esel; dazu gehören auch das inseleigene Huhn oder der kleine Jagdhund *ratero*, der seinen Namen befolgt und vor allem Ratten jagt. Mit fast einer Million Euro jährlich sollen die gefährdeten Rassen gefördert und bekannt gemacht werden. Kettenhunde und Hauskatzen sind auf der Liste nicht zu finden.

So etwas wie Scham mag auch der Grund sein, dass es auf der Insel (seit 1865) zwar durchaus noch Stierkämpfe gibt, aber kaum einer darüber spricht: Die *corridas* gelten eher als Überbleibsel der Franco-Zeit und als Tradition des Festlands, hinter der sich die Mallorquiner in diesem einen Fall gerne verstecken. Selbst in Palma gibt es eine Stierkampfarena; aber weil die Kritik außerspanischer Tierfreunde so massiv und so laut wurde, wird sie selbst in öffentlichen Reiseführern kaum noch erwähnt. Alle paar Jahre überträgt das ZDF seine Ratesendung *Wetten dass...* aus der Stierkampfarena in Palma, die immerhin 12 200 Zuschauer fasst. Seit dem Rekordjahr 1970 mit 35 Kampftagen hat die Zahl der Stierkämpfe auf der Insel immer weiter abgenommen – auf heute noch drei in Palma. Immer noch berühmt ist die Umarmung des Stierkämpfers El Cordobés und des damaligen Generalissimus. Er sprach zu ihm: »Franco, Sie und ich sind die berühmtesten Spanier der Welt – erst ich und dann Sie.«

Inzwischen gibt es einen Nachfolger ähnlich hohen Ansehens: José Tomás, der schon einmal fünf Jahre pausierte, ist in die Arenen zurückgekehrt als Triumphator und »lebende Legende«.

Die derzeit recht wenigen Freunde dieser kunstvoll zelebrierten Tradition auf Mallorca pilgern jetzt im Sommer sonntags in einen alten Steinbruch bei dem kleinen Städtchen Muro kurz vor Alcúdia; und Spötter lästern, eigens wegen der Arenabesucher sei die Eisenbahnlinie von Palma bis zu ihrem Endpunkt Sa Pobla, eine Station hinter Muro, gebaut worden. Inzwischen gibt es auch eine Strecke bis Manacor, denn dort ist schon lange auch so eine heimliche Arena.

Für Inselverhältnisse absolut ungewöhnlich ist der frühe Beginn der Veranstaltung; *aficionados*, das sind die Fans oder wenigstens Kenner des eigentümlichen Treibens, berichten sogar davon, dass die *corrida* immer pünktlich um 18 Uhr beginne – also fünf Stunden vor dem Abendbrot und acht Stunden vor Öffnung des ersten Discoschuppens in der Hauptstadt. Dann beginnt ein strenges, jahrhundertealtes Ritual, bei dem drei Toreros jeweils innerhalb einer halben Stunde zwei Stiere zu besiegen haben. Meistens haben sie damit Erfolg.

Der eigentliche Kampf Mensch gegen (S)Tier ist in drei Teile gegliedert: In der ersten Phase muss ein *picador* den Stiernacken so treffen, dass der *toro* seinen Kopf nicht mehr heben und richtig bewegen kann. In Phase zwei werden dem Stier Holzstäbe mit bunten Bändern, vor allem aber mit eisernen Widerhaken gesetzt, um ihn weiter zu reizen und zu schwächen. Im letzten Aufzug wird dem Stier das rote Tuch gezeigt, der Torero wandelt sich zum *matador* (Töter).

Und wenn er dann gewonnen hat und die Zuschauer das kultische, höchst inszenierte Treiben mit Beifall würdigen, darf der Killer, nun wieder in seiner Eigenschaft als bejubelter Torero, zum Dank als Lob ein Ohr, zwei Ohren oder die Schwanzquaste seines Opfers in Empfang nehmen. José Tomás durfte nach einem besonders mutigen Kampf alle vier Ohren seiner Opfer in Empfang nehmen – »eine Ehre, die es in der bedeutendsten Arena der Welt seit über dreißig Jahren nicht gegeben hatte«, schwärmte die Deutsche Presse-Agentur aus Madrid, wo die Zuschauer dem Torero frenetisch zujubelten: »Du bist ein Gott.« Und die Tageszeitung *El País* zeigte dem Kämpfer, wie sein eigener Nachruf aussehen würde: »Er war bereit, in der Arena zu sterben.«

Ernest Hemingway, als passionierter Großwildjäger ein echter Kenner und Liebhaber der Szene, hat in *Tod am Nachmittag* dem Stierkampf, seinen Ritualen, Figuren und Techniken ein literarisches Denkmal gesetzt. Denn Stierkampf ist ja nicht nur, je nach dem Blickwinkel, Tierquälerei oder heidnischer Kult. In seiner höchsten Vollendung ist er auch eine Darbietung von Virilität, eine dezent erotische Show – mit den hautengen Seidenhosen der Toreros und ihren mittelalterlichen, schmucken Brokatjäckchen, mit dem seltsamen Hut und den standardisierten Tanzschritten, die sie im Todesdrittel zur Musik eines Paso doble vorführen. Am Ende allerdings entscheidet nicht die umworbene oder gar die schmachtende Schöne, sondern das Präsidium des Kampfes gemeinsam mit dem Beifall des Publikums, ob der Torero mutig und gewandt oder der Stier vielleicht nur eine feige *ratita*, eine kleine Ratte, war. Meistens ist der Torero ein Held, nur selten ein tragischer.

Eine tierische Veranstaltung, bei der jeder, der mag, den Helden spielen kann und die weniger blutig, aber dennoch seit etlichen Jahrzehnten Kult ist, findet in dem hübschen, denkmalgeschützten kleinen Städtchen Fornalutx bei Sóller während eines Fests Anfang September statt: die *arribada del bou*, ein Pamplona-ähnliches Stiertreiben durch die engen Gassen des Dorfs. Im Unterschied zu Pamplona sind die Tiere hier angeleint, sodass größere Verletzungen (der Mitläufer) nicht überliefert sind. Das Ende ist aber ähnlich wie beim Stierkampf: Das Opfer kommt ins Schlachthaus, nur die Zuschauer dürfen nach Hause.

Im Altertum wurde der Stier im ganzen Mittelmeerraum verehrt und als Symbol höchster natürlicher Kraft angesehen. Davon zeugen Funde aus dem alten Ägypten und dem minoischen Kreta. Aus der jüngsten Vergangenheit stammt der nicht ganz so geschichtsträchtige sogenannte Osborne-Stier – benannt nach dem gleichnamigen spanischen Weinbrand und einst überlebensgroß auf metallenen Reklametafeln im ganzen Land zu besichtigen. Jetzt sind nur noch 17 dieser Rinder in ganz Spanien übrig. Ein einsames Relikt dieser Werbung harrt noch rechts neben der Schnellstraße Palma–Manacor kurz hinter Algaida aus; die Tiere haben das Pech, von kämpferischen Regionalisten als Teil einer angeblichen kastilischen Überfremdungsstrategie angesehen zu werden, weshalb sie nachts gerne zersägt, beschmiert, gestohlen werden. Auch neue Regeln der Europäischen Union machten ihnen den Garaus; heutzutage darf auf dem *campo*, also außerhalb geschlossener Ortschaften, nicht mehr geworben werden. Seitdem wirbt der ländliche Teil der Insel nur noch für sich – für Landschaft und Natur.

Aus grauer Vorzeit dagegen stammen die ältesten Skulpturen Mallorcas – drei steinerne Stierköpfe, lebensgroß. Sie wurden am Ende des 19. Jahrhunderts in der Nähe von Costitx in der Inselmitte gefunden, sind aber jetzt zum Ärger mancher Mallorquiner im Nationalmuseum in Madrid ausgestellt. Schließlich stellen die Abbilder eine jahrtausendealte Tradition unter Beweis, und Überlieferungen, Riten, Rituale sind für Mallorquiner ein unübertreffliches Zeugnis ihrer Kultur, auf die sie in manchmal rührender Art stolz sind: Nie haben sie anderen ihre Kultur aufgezwungen, aber sie haben und hatten eine, ganz für sich und ihre geliebte Insel.

Über viele Jahrzehnte lebte in der Nähe unseres Dorfs, auf dem kleinen Hof Son Bages, ein einfacher, etwas schrulliger Bauer – nennen wir ihn Ramón – mit seinem einst edlen, dann grau gewordenen Schimmel, weshalb der Hof auch einfach *caballo blanco* genannt wurde. Zweimal die Woche sattelte der Alte das Tier und ritt die vier Kilometer zum nächsten Dorf, wo er sogleich samt Schimmel durch die weit offen stehende Tür in die Bar Sa Plaça einzog. Dort stieg er ab, band das Pferd an ein Holz, ließ sich einen *café cortado* mit einem Schuss Brandy reichen und erzählte den wartenden Zuhörern die immer wieder gleiche Geschichte – wie heldenhaft er dereinst als Torero jeden Stier besiegt habe. Da lächelten manche, weil sie es nicht besser wussten; andere aber bestellten dem Alten noch einen *cortado* mit Schuss, damit der Schimmelreiter die Geschichte fortsetze: »Eines Tages«, kündigte Ramón unter skeptischen Blicken an, »fahre ich nach Manacor und besiege noch einmal einen Stier. Dann bin ich wieder der Held.«

Und eines Sommerabends erschien der Dorfpolizist Sebastian, einer unserer Nachbarn, in der Bar und berichtete vom Ende der Geschichte. Die *guardia civil* sei am Nachmittag zu einem schlimmen Verkehrsunfall auf die Landstraße nach Manacor gerufen worden; ein Mopedfahrer sei mit seinem Zweirad offenbar ausgerutscht und verunglückt. Das Seltsame, fügte der Polizist hinzu: Der Mopedfahrer habe leider keinen Helm, aber die wunderbare, teure, originale historische Kluft eines Torero getragen, beim Unfall habe sie nur ein wenig gelitten.

»Und – was ist mit Ramón?«, fragte stockend einer am Tresen der Bar.

»Er ist im Krankenhaus gestorben«, sagte Sebastian. »Aber er sah aus wie ein Held.«

Ramóns Hof gehört inzwischen einem Antiquitätenhändler aus Hannover und seiner Gattin Hanne, einer Malerin. Deren wunderschöne Tochter hat den Wirt einer anderen Kneipe im Dorf geheiratet, in der die Mutter/Schwiegermutter nun ihre Bilder ausstellt. Zur Erinnerung an Ramón und seinen Hof heißt die nächstgelegene Autobahnabfahrt neuerdings *Son Bages*.

Den Winden ausgesetzt.

Was aufrecht steht

Normaler Anflug auf den Flughafen Son Sant Juan aus Nordost über die Bucht von Alcúdia, an Inca und Sineu vorbei, über Santa Eugènia hinweg in die einst sumpfige und immer noch wasserreiche Ebene zwischen Palma und Arenal. Als höchste *landmarks* in diesem platten Flachland vor Beginn der Landebahn 06 fallen dem Passagier sogleich, außer dem weiß blitzenden futuristischen Tower, die brandneuen Palmen der eben eingeweihten Golfplätze Son Gual (links) und Puntiró (rechts) auf; sie kamen per Schiff und Schwertransport. Älteren Datums sind die zahllosen Windmühlen – oder deren Ruinen –, die Mallorca hier geradezu als Mühleninsel erscheinen lassen.

Drei Aufgaben mussten die unterschiedlichen Mühlentypen verrichten – sie sollten schon in maurischer Zeit trockene Böden bewässern, Sumpfgebiete – wie am Flughafen – entwässern und, in der Inselmitte etwa auf den vier Hügeln südlich von Felanitx oder auf dem Bergrücken östlich vor Montuïri, Korn und Getreide mahlen. In der Ebene östlich von Palma legten schon die Araber Schöpfbrunnen (*norias*) an, deren große Wasserräder (*sinia*), von Eseln angetrieben, das Wasser in Bewässerungskanäle leiteten. Im Lauf der Jahrhunderte wurden diese einfachen Brunnen durch windgetriebene Wasserhebewerke ersetzt – es gab davon noch im letzten Jahrhundert mehr als 1400, meist rechteckige, 2 bis 4 Meter hohe Quader- oder Rundtürme, aus deren Spitze jene Achse ragt, die über Zahnräder das Schöpfrad antreibt. Einige von ihnen hat ein eigens dazu gegründeter Verein restauriert und die empfindlichen Stoffsegel durch hölzerne Lamellen oder weiß-blau gestrichene Metallplatten ersetzt, die auch stärkerem Wind standhalten können. Die genaue aktuelle Windrichtung gab dem Windmüller der *cabo loco* an, der »verrückte Zipfel«, der wie ein Wetterhahn aus dem Windrad heraussticht.

Erzherzog Ludwig Salvator schätzte die Zahl aller Mühlen zu seiner Zeit noch auf 3500 bis 4000. Er zeichnete eine besonders große, dreistöckige Getreidemühle »mit sechs Flügeln, mit gerefften Segeln, wenn ein starker Wind weht«, und schrieb dazu: »Die Windmühlen arbeiten das ganze Jahr Tag und Nacht hindurch einschließlich der Sonn- und Feiertage, und die mittlere tägliche Arbeit lässt sich mit 280 bis 422 Kilo angeben.« Heute sind die meisten der großen Getreidemühlen außer Betrieb oder, etwa in Sineu oder bei Santa Maria, in Restaurants umgewandelt, aber immerhin, dem Tourismus sei Dank, vor weiterem Verfall geschützt und nachts angestrahlt.

Und kein Don Quichotte reitet mehr vorbei, um siegreich gegen ihre Flügel anzukämpfen. Don Quichotte war ein, wenn auch melancholischer Held des anderen, jenseitigen Spanien der Adligen in Kastilien. Auf Mallorca wäre er nur gelegentlich willkommen, um gegen die sinnlose Bürokratie anzukämpfen; aber das ist ein anderes Kapitel in diesem Buch.

In einem der schönsten Gärten der Insel, den Jardins d' Alfàbia, am Fuß der Tramuntana gleich neben der Straße Palma–Sóller, sind Wassermühlen nicht nötig. Die Anlage stammt aus maurischer Zeit und ist, des Wasserreichtums wegen, benannt nach dem arabischen Wort für einen Tonkrug, *al jabia*; seit Jahrhunderten speisen natürliche Quellen und Zisternen Wasserfälle, Teiche und Fontänen und schaffen eine verschwenderische Vegetation. Einer der ersten Bewohner und Benutzer der Gärten war ein gewisser Benihabet, maurischer Wesir von Pollença und Inca. Er machte vor fast 800 Jahren (1229) bei der *reconquista* gemeinsame Sache mit dem christlichen Eroberer Jaume I. von Aragon, versorgte dessen Soldaten mit Lebensmitteln und durfte dafür nach der Eroberung Mallorcas die Gärten samt Wohnsitz behalten. Seit 1615 ist Alfàbia im Besitz der mallorquinischen Familie Zaforteza, die damit beweist, dass sich auch Einheimische auf Gartenkunst und Gartenbau verstehen – wenn nur genug Wasser in der Nähe ist.

Gartenbau mit möglichst wenig Wasserverbrauch empfiehlt die englische Landschaftsarchitektin Heidi Gildemeister in der von ihr verfassten Pflichtlektüre für alle neu zugezogenen Residenten *Mediterranes Gärtnern*, die sich in den Einrichtungshäusern der Insel in mehreren Sprachen erwerben lässt. Sie plädiert dafür, auf künstliche Bewässerung oder gar auf Dauerberieselung zu verzichten und den eigenen Garten lieber gleich so zu planen und mit Mulch, Bodendeckern und Schattenspendern so anzulegen, dass er sich dem Mittelmeerklima mit trocken-heißen Sommern und winterlichen Regenzeiten anpasst.

Ein anderer, höchst besuchenswerter Garten gehört dem ungarisch-britischen Bildhauer Ben Jacober und seiner Gattin Yannik Vu. Inmitten ihres riesigen, 16 Hektar großen Besitzes Sa Bassa Blanca auf der Halbinsel Aucanada in der Nähe von Port Alcúdia lohnt im Mai (und wieder im Herbst) der unglaubliche Rosengarten einen Besuch, ganzjährig (dienstags ohne Voranmeldung) aber auch das unterirdische Privatmuseum mit einer Fülle mittelalterlicher Kinderporträts. Der Hausherr Jacober, vor seiner Künstlerzeit Banker in London, schuf übrigens die große rostige Metallamphore vor dem Flughafengebäude von Palma. Seltsamerweise erwähnen die meisten Reiseführer das strahlend weiße palastähnliche Besitztum nicht; tatsächlich sind Busse und ihre Passagiere hier nicht so gerne gesehen.

In jenen alten Tagen, als die Ureinwohner Mallorcas noch geteilt waren in oben und unten, reich und arm und als der Adel oder der Gutsherr noch das Sagen hatte, da durfte das niedere Volk keinen (Wal-)Nussbaum pflanzen oder gar besitzen; dies war ein etwas skurriles Privileg des *senyor*. Wohl deswegen hat sich die Zahl der Nussbäume auf der Insel im letzten Jahrzehnt verdreifacht.

Ansonsten pflanzt kaum ein Mallorquiner heutzutage freiwillig einen Baum, schon gar nicht einen, der nur dem Schmuck oder dem Windschutz dient und nicht abgeerntet werden kann. Auch die von der Balearen-Regierung sorgfältig ermittelte Zahl der Obstbäume (236 010) ist in den letzten zehn Jahren um ein Drittel gesunken. Heute sind Zierbäume das Privileg der zugereisten Deutschen oder Engländer, die aus den Baumschulen schleppen, was ihrem Traum vom Leben im Süden entspricht. Dazu gehören nach dem Verständnis der Nordländer nun einmal Palmen, obwohl – botanisch gesehen – nur eine einzige, ziemlich unscheinbare Palmenart auf der Insel (und überhaupt in Südeuropa) wirklich heimisch ist: Das ist die unglaublich langsam wachsende Zwergpalme, hundertfach als wild gewachsene Pflanze zu besichtigen im Naturschutzgebiet Llevant hinter Artà, aber auch in den Gärten der Einheimischen, wo sie gleich neben ihrem Stamm zahllose *ichas* (Töchter) und *ichos* (Söhne) hervorbringt, aus denen sich mit unmenschlich großer Geduld weitere Familien schaffen lassen.

Da die schlanken Kokospalmen auf der Insel nicht gedeihen, behelfen sich die Neubürger und Palmenfreunde mit einem schnell wachsenden, in der Fächerkrone imposanten Ersatz. Er trägt dem ersten amerikanischen Präsidenten zuliebe den seltsamen Namen *Washingtonia*, stammt tatsächlich aus den Vereinigten Staaten (Kalifornien), ist frosthart, recht pflegeleicht, tritt oft als braunstämmiger Zwilling auf und wird mehr als 20 Meter hoch. Die dunkelgraue Königspalme, auch Phönixpalme genannt, mit dem dicken, vernarbten Elefantenbein und den klassischen breiten Wedeln ist in den Gärten und vor den alten Landhäusern ihr größter, aber empfindsamer Konkurrent. Der Baum wächst bis zu 40 Meter hoch; seine Früchte ähneln zwar den Datteln, werden aber unter mallorquinischer Sonne meistens nicht reif genug.

Die meisten Gärtnereien übernehmen für diese eindrucksvoll repräsentativen Bäume weder die Transportkosten noch eine Anwachsgarantie; und sie wissen, warum: Eine auf die eigene Finca per Sattelschlepper mit Wurzelballen umgesiedelte Königspalme braucht ein großes, riesiges Pflanzloch, das sich mit herkömmlichen deutschen Spaten – ein auf der Insel völlig unbekanntes Gartengerät – niemals wird buddeln lassen, weil die Erde im Sommer hart wie Beton und im Winter glitschig wie

Lehm ist. Dazu braucht man einen Pressluftbohrer oder, besser noch, eine *pala*, einen Bulldozer. Nach dem Pflanzen ist möglichst viel Kompost nötig – den es auf der Insel nicht gibt und nie gegeben hat, weil Gartenabfälle traditionell verbrannt werden und so das Mittelmeerklima palmengerecht aufheizen.

Und die neue Palme, Krone der Finca, braucht einige Jahre einen starken Windschutz: Sie muss mit Stangen, Seilen und Stützpfählen so fest verankert werden, dass ihre höchst empfindsamen Wurzeln nicht ins Schwingen geraten. Jetzt wissen Sie, warum beidseits der neuen Autobahnen oder vor Villen-Neubauten so viele Palmleichen mit traurig gesenkten Wedeln herumstehen. Zudem brauchen die Palmen etwa alle zwei Jahre einen sachkundigen Palmkronen-Betreuer: Diese meist einheimischen Experten klettern, manchmal mithilfe einer Leiter, den Stamm hinauf, entfernen die welken Wedel und schneiden mit scharfen, gebogenen Messern den Ansatz der Krone auf ein edles Gleichmaß. Es ist immer wieder faszinierend, wie viel derartigen Abfall eine Palme jährlich produziert.

Die Königspalme erreicht die Insel normalerweise per Schiff aus Afrika oder aus der Gegend von Valencia. Früher galt sie als Symbol für den Wohlstand jener, auch einheimischen, Angeber, die damit ihre Besitztümer und Herrenhäuser auf dem Lande, die *possessions*, schmückten. Nur die (meisten) Palmen an Palmas Uferpromenade, dem Passeig marítim, stehen und wachsen dort dem Alter der Straßen entsprechend schon recht lange, nämlich seit einem halben Jahrhundert; aber an Ringen und Wachstumsschwächen der Rinde lässt sich oft ablesen, dass es selbst in dieser besonders geschützten Bucht zu Frost- und Sturmschäden kommen kann.

Ihren Traum von einem tropischen Garten am Mittelmeer mit Bananen, Papayas oder Mangos sollten Sie schnell begraben: Darüber freut sich nur Ihre Baumschule, und zwar gierig. Allenfalls eine Araucarie können Sie sich gönnen – das sind jene ungemein gleichmäßig wirkenden Bäume aus Chile, die exakt so aussehen, wie Fünfjährige einen Weihnachtsbaum malen. Bananen, selbst die kleinen kanarischen, gedeihen nur in völlig frostsicherer Umgebung, die es hier durch den eisigen Nordwestwind *mestral* nicht gibt. Sie können sich mit einer bananenverwandten Abart, der rot oder weiß blühenden Strelitzie, begnügen, die zwar keine essbaren Früchte, aber ähnlich eindrucksvolle Blätter hat, im Winter eben nicht erfriert und mit bis zu vier Metern fast doppelt so hoch wird wie eine herkömmliche Banane.

Geben Sie sich also lieber mit subtropischen Gewächsen zufrieden, jenen, die schon die Araber am Ende des ersten Jahrtausends mitbrachten, wenn sie nicht wie die Oliven schon seit den Tagen der Römer auf der Insel wuchsen – Orangen, Zitronen, Granatapfel, Johannisbrot, Feigen. Und in einer windgeschützten Ecke können Sie sogar den Traum Ihrer Großeltern wahr werden lassen: Das war damals, in den Fünfzigern, der eigene Gummibaum, hier auf der Insel können Sie auf den geschützten Wohnzimmererker, die Doppelverglasung und den Topf verzichten. Vor manch altem Gemäuer finden Sie stolze Exemplare dieser Gattung, etwa vor dem alten *hostal* (Gasthof) in Montuïri.

Goethes Traum von einem »Land, wo die Zitronen blühn«, mag sich auf Mallorca durchaus erfüllen, auch wenn er niemals dort war. Keine *palabra*: Zitronen sind empfindsam wie Mimosen, aber wenn sie blühen, ist es schön. Im Inselinneren hat eigentlich jede Finca ihren eigenen alten Zitronenbaum; aber wenn Sie selber einen oder einen weiteren pflanzen wollen, werden Sie bemerken, dass jede Zitrone ihren eigenen Willen hat, und vor allem Widerwillen: gegen Nachtfrost, ruppigen Wind, kalkigen Boden, zu viel oder zu wenig Wasser.

Tief in die Geschichte der Insel reichen die Wurzeln des immergrünen *algarobbo*, des Johannisbrotbaums. Seine Früchte – erst grüne, bohnenähnliche Schoten, dann schwarz verfärbt und im Inneren dem Lakritz ähnelnd – wurden früher einmal gebraucht: womöglich von Johannes dem Täufer, als der sich hungrig durch die Wüste quälte; daher vielleicht der Name. Oder vom Johanniterorden, der *ceratonia siliqua* – so der lateinische Name – erstmals kultivierte. Oder weil die Früchte um den Johannistag herum reifen, während schon die rötlichen Blüten für die nächste Ernte blühen. Heute lassen sich die schwarzen Schoten noch an die Pharma- und die Lebensmittelindustrie verkaufen, zum Spottpreis allerdings. Aber das eigentliche Geheimnis des Baums entdeckten Araber schon im ersten Jahrtausend unserer Zeitrechnung: Jeder einzelne Samen in den Fruchtschoten – egal von welchem Baum, egal, aus welcher Gegend – wiegt exakt ein Karat, nämlich 0,18 Gramm und dient selbst heute noch als kleinste Maßeinheit für Edelsteine.

Tief in der Mythologie verwurzelt ist hingegen ein anderes Gewächs, das in den wilden, dichten Gebüschgebieten der Insel zu Hause ist, in der Macchia oder der Garrigue. Der Strauch heißt *mata*, in Deutschland Mastixbaum, mit kleinen rötlichen Blüten nett anzusehen. Seine ledrigen, länglichen Blätter sind bis in die Spitzen gefüllt mit ätherischen Ölen, die in der Sommerhitze verdunsten und von der Sonne angeblich sogar entzündet werden können. Das war der »brennende Busch« des

Alten Testaments oder das Elmsfeuer in den Sagen aus anderen Weltgegenden: Das Besondere an dieser Art Buschfeuer ist, dass es erlischt, bevor es größere Waldbrände entfachen kann; jedenfalls ist über solche Selbstentzündungen in den Akten der *bomberos* – der Inselfeuerwehr – kein Aufschluss zu finden.

Mit der Mythologie fest verwoben ist auch der Symbolbaum des Mittelmeerraums, der Ölbaum, der theoretisch so alt werden kann, wie es einer seiner frühen Bewunderer im griechischen Altertum formulierte, Sophokles nämlich: »Ein gesegneter Baum. Ein unbezähmbarer Baum. Ein unsterblicher Baum.« Schon ein Zweig der Olive gilt als Zeichen des Friedens; für die Göttin Pallas Athene ist er der Hort der Weisheit. Seinen legendären Ruhm verdankt der Ölbaum nicht nur den Früchten, sondern vor allem der Erfahrung, dass er fast unbegrenzt verpflanzbar ist: Was ein Straßenbauer oder auch ein Olivenbauer aus den 14 000 Hektar Olivenhainen an den Hängen der Tramuntana ausgräbt, wächst, für viel Geld in die Vorgärten der Residenten umgesiedelt, meist schnell wieder an und erscheint dem Betrachter als ein Bild der Reife, Weisheit und Abgeklärtheit – solch ein manchmal mehrere Hundert Jahre alter Solitär gilt als Beweis für das Alter der Insel, der Finca und den Geschmack der Eigentümer. Die Olivenernte lässt sich in alte Ölmühlen in der Nähe von Caimari bringen, wo sie in jungfräulich oder mehrfach gepresstes Öl umgetauscht werden kann – für jeden Gourmet ist das eigene Öl der Gipfel kulinarischer Freuden.

Wessen Grundstück zu klein für eine zentnerschwere Ernte ist, die im Oktober/November inselweit in immer gleich aussehende weiße Plastiksäcke gefüllt wird, dem bietet sich in der Gestalt von Toni ein Ausweg. Toni hat

Hunderte von Ölbäumen auf der innerinsularen Hochebene Es Pla gemietet und die Ernte gekauft. Er nimmt auch kleinere Mengen entgegen und verkauft sein Öl gegenüber vom alten *hostal* in Montuïri in allen von Ölmühlen erzeugten Varianten.

Allerdings nicht zum Schnäppchenpreis, denn Toni ist ein guter Rechner. Im Hauptberuf handelt er gar nicht mit Öl und Oliven, sondern ist Professor für Mathematik an der Universität der Balearen in Palma.

Bon profit!

Wie arme Leute essen

Heutzutage kann sich jeder, der's will, auf dem ganzen Erdball gleich oder wenigstens ähnlich ernähren. Als Basis mag die mediterrane, meist italienische Küche dienen, angereichert mit ein paar asiatischen Elementen des *fusion food*. So lässt es sich natürlich auch auf der Insel aushalten. Die internationale Spanne reicht von (acht) Sternerestaurants über die großen Hotelküchen bis zu den Tapas-Bars und Spezialitätentempeln in den Fressgassen rund ums Llonja-Viertel in Palmas Altstadt. Dort oder in vielen verschwiegenen Winkeln der Insel hat jeder Resident und jeder Malle-Freund fürs edle Essen seinen eigenen Geheimtipp, der auch für die Geltungsdauer dieser Gebrauchsanweisung geheim bleiben soll; jährlich erscheinende Restaurantführer mit oder ohne Punktetabellen erleichtern die Suche nach neueren Geheimnissen.

Für mutige Inselbesucher ist freilich ein Ausflug in die höchst lebendige kulinarische Vergangenheit empfehlenswert. Die Überlieferung ist wach und zäh; sie scheint in die Gene der Einheimischen übergegangen zu sein, die an ihrer Lieblingskost aus Urgroßmutters Tagen hängen, als gäbe es keine Internationalisierung der Speisen und keine Luftfrachtspediteure.

Die mallorquinische Küche ist immer noch exakt so wie die traditionelle Gesellschaft, also bäuerlich schlicht und mithin nicht geeignet für Magersüchtige, Models oder andere Figurbewusste. Man isst, was die Finca, die Pflanzenwelt oder die Jagd hergeben. Wichtiger Bestandteil sind Tomaten in allen Varianten – auch solche, die als Kette an einer Schnur aufgereiht werden und noch im Winter wie ein Zopf von einem Küchenhaken baumeln. Dies ist die Grundlage für das daheim zubereitete (fast) tägliche Mittagessen *pamb oli* – ungesalzenes dunkles Brot, das deutschen Gaumen sonst nur als *pan tostado* schmeckt, bestrichen mit Tomatenmark, beträufelt mit Knoblauch, belegt mit Schinken, Fenchelalgen und Oliven, mit den unvermeidlichen Kapern (weil die hier wachsen) oder mit *pimientos*, saftigen, milden kleinen Paprikaschoten.

Bon profit! wünscht der Mallorquiner, auch wenn er nicht der Wirt ist – die zwei Wörter bedeuten nur so viel wie »Guten Appetit«.

In der kleinen Bar hoch oben auf dem Kloster-Tafelberg von Randa gibt es *pamb oli* in besonders nahrhaften Portionen und in vielen Varianten für alle Hobbyradler, die sich über die endlos scheinenden Serpentinen 5 Kilometer und 549 Höhenmeter bergaufgequält haben und sich beim Essen und Panoramablick über die Bucht von Palma und über die halbe Insel nun auf die gefährlich lange Abfahrt nach Llucmajor oder Algaida freuen. Zwei gute alte Bekannte, (Ex-)Minister Rudolf, jetzt Ca's Concos, und (Ex-)Chefredakteur Werner, jetzt Es Molinar, erklären die Herausforderung, den Klosterberg per Rad strampelnd zu bezwingen, immer wieder tapfer zur Routine eines jeden Hobbyradlers.

Eine fast noch schönere Aussicht darf genießen, wer sich per Rad oder Auto zum 500 Meter hohen Klosterberg Santuari de Sant Salvador gleich hinter Felanitx aufmacht. Der Blick reicht die ganze Südküste entlang von Santanyí über Cala d'Or bis Porto Cristo. Etwas unterhalb der Bergkuppe grüßt die 7 Meter hohe Figur eines »Christkönigs« (*Monument del Crist Rei*), der man das Entstehungsjahr (1934) irgendwie ansieht. Oben auf dem Berg thronen Kirche und eine Pilgerherberge aus dem 18. Jahrhundert, deren Gaststube heute von sich behauptet, »das älteste Restaurant Mallorcas, gegründet 1922« zu sein. Wer dort nicht nur atemlos nach draußen guckt, sondern mutig etwas isst, der kann den seltsamen Werbespruch verstehen: Echt mallorquinische Küche wirkt immer etwas alt.

Der im 20. Jahrhundert berühmteste Sohn des Städtchens Felanitx, der Radrennfahrer und fünffache Weltmeister Guillem Timoner Obrador, hat dem Heiligtum seine Originaltrikots gewidmet, die seitdem als stolze Stofffetzen an den Wänden hängen. Uns Heutigen will er damit wohl sagen, dass für ihn Religion und Glaube als Antrieb und Dopingmittel ausreichten.

Auch das Restaurant des Sant Salvador scheint ein Grund zu sein, warum erprobte Radsportkämpen lieber die Abfahrt vom Randa-Berg wählen. Wer heil unten in Randa und bald darauf in Algaida anlangt, sieht sich dort sogleich umzingelt von zahllosen Restaurants unterschiedlichster Geschmacksrichtungen und Preisklassen. Im alten *hostal* bei den drei Schwestern, etwas unterhalb der alten Landstraße, aber auch in den dörflichen *cellers*, den alten Weingewölben, kann, wer's mag, die höchst rustikale *cuina mallorquí* sogleich weiter durchtesten – mit *frit, pancuit, sopa mallorquina*. Wer Innereien mag, ist gut bedient. Wer nicht, ist eher nur bedient.

Frit ist so ziemlich alles, was beim Schlachten eines Lamms oder Schweins übrig bleibt, einschließlich Leber, Nieren, Kutteln und Gekröse; dies alles mit Gemüse und viel Knoblauch klein geschnipselt in reichlich Olivenöl durchgebraten. *Frit* ist sozusagen die fette Luxusausgabe der traditionellen mallorquinischen Arme-Leute-Küche, weil es eine Ahnung von Fleisch enthält.

Die soziale Rangfolge inseltypischer Gerichte beginnt mit, natürlich, *una palabra*: »Diesmal haben wir die Fingernägel gegessen.« Nach dieser Art Hunger folgt *pancuit* – in Stücke gebrochenes (altes) Brot, das mit Öl und Knoblauch gekocht auf den Tisch kommt, weil der Volksmund weiß: »Trübsal mit Brot ist besser zu ertragen.« Die nächste Speise auf der Stufenleiter ist Reis mit Splittern, *arròs amb busques*, wobei die Splitter die Essensreste vom Vortag sein können.

Als eine Prise besser gilt der schmutzige Reis. Der zugehörige Schmutz beim *arròs brut* mag durchaus eine Hähnchenkeule oder ein Stück vom Kaninchen sein. Für die Aufsteiger unter den armen Leuten ist schließlich die *sopa mallorquí* gedacht, eine Brühe, die mit altbackenen Brotscheiben, viel *col* (Kohl) und wenig Fleisch zum Gemüseeintopf mutiert, der selbst in edlen Restaurants serviert wird und manch einen für Tage sättigt.

An Festtagen aber wird auch bei armen Leuten geprasst und geschlemmt. Man fährt, so man eines hat, ins eigene Sommerhaus auf einer Parzelle Land oder mietet sich in eigens dafür geschaffene riesige Familienfest-Restaurants ein, die an die Gemütlichkeit des Wartesaals dritter Klasse im alten Kölner Hauptbahnhof erinnern – riesige Säle, zahllose Tische, grelle Neonbeleuchtung, kein Blumenschmuck, da nicht essbar. Aber die Stimmung ist großartig. *Una palabra : Un dia a l'any, s'olla es crema* – einmal im Jahr brennt der Kochtopf an.

Erst nimmt man etwas zum Picken – *para picar*: Oliven oder Schnecken; dann gibt es Zicklein oder Spanferkel, Lammkoteletts oder Paella für die ganze Familie, oft auch für den ganzen Clan inklusive Großeltern, Tanten und Neffen. Seltsamerweise halten sich die meisten Insulaner beim spanischen Nationalgericht, das einst bei den Reisbauern um Valencia herum entstand, an zwei ungeschriebene Regeln: Paella isst man immer nur mittags und niemals zu Hause. Deutschen Zungen erscheint die Mischung von allerlei Fleisch mit Fisch oder Meeresfrüchten (*calamares*) etwas gewöhnungsbedürftig. Man muss in den riesigen Pfannen eben (wenigstens heimlich) wählen – oder wühlen.

Ungewöhnlich für eine Insel mitten im Mittelmeer wirkt die tief gründelnde Abneigung der Einheimischen gegen Fisch und Meeresprodukte, jedenfalls in deren traditionellen Lieblingsrestaurants, den steinalten *cellers*: Die meisten Insulaner wohnten früher eben nicht an der Küste, der Piraten wegen. Sie hatten es weit zu den wenigen Häfen, von denen aus der Fischfang betrieben wurde. Deswegen gehört nur der getrocknete und leicht zu transportierende Stockfisch *bacalao* als Teil der Eintöpfe zu den mallorquinischen Leibspeisen.

Frischen Fisch, teuer wie überall auf der Welt, gönnt sich der Einheimische allenfalls an Festtagen und während der Fangsaison – ausgenommen die gummiähnlichen *calamars* für die Kinder. Seltsamerweise gilt der rötliche Drachenkopf, der eher unscheinbare, grätenreiche *cap roig*, den Insulanern als Delikatesse. Tatsächlich erscheint er meist matschig-verkocht und schon deshalb ungemein überschätzt, dreimal so teuer wie eine *dorada* oder *lubina*, die in edlen Restaurants natürlich auch in eine Salzkruste verpackt werden.

Der einzige, auch bezahlbare frische Fisch fürs gemeine Insulanervolk ist die *llampuga*, Goldmakrele. Wenn sie im Herbst in Schwärmen an der Ostküste auftaucht, wird ihr im Hafen von Cala Ratjada eine eigene *fiesta* gewidmet – 22 verschiedene Arten der Makrelen-Zubereitung werden von Fischern und Köchen vorgeführt. Meist wird der sonst leicht zu trockene Fisch scheibchenweise mit Paprika im Ofen geschmort.

Die Natur oder der Garten erweitern den Speisezettel der züchtigen mallorquinischen Hausfrau. Im Spätsommer, sobald der erste Regen fällt, stürzt sie – manchmal auch ihr Gatte – sogar mitten in der Nacht ins Freie und sammelt die Schnecken, die plötzlich aus allen Löchern und Ritzen kriechen, als hätten sie nur auf diese Ernte gewartet. Dazu gibt's im Herbst gekochte oder gefüllte *calebassin*, eine Mischung aus Gurke und Kürbis. Fast jedes Gericht können die roten, süßen Kerne der Granatäpfel verschönern.

Zur gleichen Jahreszeit fallen die schweren, zuckersüßen Früchte des Kakibaums zu Boden, wenn sie nicht zuvor zu Gelee verarbeitet wurden, ebenso wie die rotgelben, stachligen Früchte der Opuntie, in Deutschland Feigenkaktus, auf der Insel *figues de moros* genannt – nicht wegen der Ohren, sondern weil offenbar Araber die genügsame Pflanze auf die Insel brachten. In den Gärten alter Bauernhäuser bilden Opuntien oft ein eigenes kleines Karree, windgeschützt, uneinsehbar, wegen der Stacheln von Ratten gehasst und einst, vor der Erfindung von Sickergruben, besonderen Geschäften vorbehalten, durch die der Kaktus so etwas wie Kompost bekam.

Im Dezember freut man sich auf die ersten zarten Artischocken; es gilt als sozialer GAU, als größte anzunehmende Ungezogenheit innerhalb der Inselgemeinde, die Blütenstände vom Nachbarn mitgehen zu lassen (was sonst bei allen Früchten oder Gemüsearten erlaubt ist). Im Frühling folgt der hauchdünne wilde grüne Spargel, im Sommer der Mangold. In der sommerlichen Gemüse-Reifezeit ist das *tumbet* allgegenwärtig – eine Eintopf-Beilage aus Tomaten, Paprika, Zucchini, Auberginen und (manchmal) Kartoffeln. Die Bauern auf dem Felde stärken sich mit *trempó*, einem frischen Salat aus Tomaten, jungen Zwiebeln, *pimientos* und, natürlich, Kapern.

Im Spätherbst wandern fast alle Insulaner in die Tramuntana, dann ist die Zeit der *bolets* – der Pilze. Besonders gesucht und deshalb meist abgegrast sind die *esclatasangs*, eine Reizker-Art, die gelegentlich sogar in Dorfkneipen der Inselmitte angeboten wird. Nicht erschrecken, sondern mutig probieren: Als wir die Pilze auf dem Tresen der Pinte zum ersten Mal sahen, dahinter der stolze Wirt, witterten wir höchste Vergiftungsgefahr und ergriffen sogleich die Flucht – mit ihrem gräulich schimmernden Überzug sehen selbst frisch gesammelte Pilze so aus, als seien sie alt und verschimmelt. *Picornells* dagegen, Pfifferlinge, werden ebenso wie Steinpilze importiert und während der Saison sogar in Supermärkten verkauft, allerdings zu Preisen, als habe der Sammler jeden Einzelnen von ihnen persönlich im Flieger begleitet.

Gourmets oder anderen kritischen Geistern kann die totale Nichtexistenz von Kalbfleisch, jedenfalls abseits der Inselhauptstadt, aufstoßen. Es ist Mallorquinern zu teuer, vor allem aber zu ungewohnt; im 19. Jahrhundert, weit vor jeder EU-Agrarmarktordnung, verbot die spanische Regierung den Rinderexport aus Mallorca. Dabei leben jetzt, viele Jahrzehnte später, durchaus einige Kühe auf der Insel, die um Campos herum für frische Milch sorgen – aber wozu Kälbchen, wenn es doch seit alters her Kaninchen, Spanferkel, Lämmer und – sogar wilde – Zicklein gibt, die sich am Spieß braten lassen oder über dem Holzkohlenfeuer.

Der Mangel an Rindern verleitete die Einheimischen zu einer anderen Zucht, in der sie Weltruhm erlangen konnten – die Mast der schwarzen mallorquinischen Fettschweine, die mit ihrer fast unförmigen Masse noch immer im Inselboden wühlen und schnüffeln dürfen. Wenn sie mit den Eicheln der Steineiche oder zu Boden gefallenen Feigen genug Fettpolster sammeln konnten, wird aus ihren besonders aromatisch duftenden Schinken (inzwischen auch auf dem Festland) der unvergleichliche, allerdings recht teure *jamòn iberico* gemacht. Edelrestaurants auf der ganzen Insel beschäftigen einen eigenen Schinkenschneider: Er steht in einer Ecke des Lokals hinter einem Holzbock mit dem Schinken und schnitzt mit einem immer wieder am Wetzstein geschärften Messer Schinkenfetzen auf einen Teller, die man anschließend als nussig-fette Vorspeise vertilgt oder, je nach Hunger, verschlingt.

Die *sobrassada* stammt auch vom Schwein – eine streichfähige Paprikawurst von seltsamer Farbe in wenigstens drei Geschmacksrichtungen mit weißer (mild), grüner (mittel gewürzt) oder roter Schnur (pikant scharf). Man kann sie auch grillen oder braten. Und man kann sie auch im Koffer nach Hause mitnehmen; aber dann geht es der Wurst wie den meisten kulinarischen Mitbringseln: Am besten schmecken die vor Ort.

Schwein beziehungsweise sein Schmalz ist auch die Basis für die inzwischen europaweit berühmte *enseimada*, eine Hefeschnecke, die Mallorquiner mit oder ohne Kürbismarmelade im Innern schon zum Frühstück, Unersättliche zum Nachtisch und Touristen als beliebtes Malle-Exportgut zu sich nehmen; nicht zu verwechseln mit der *empanada*, der alles Süße fehlt, die dafür in ihrem Innern Wurst- oder Fleischstückchen verbirgt – ein Vormittags-Snack sozusagen, »zehn Uhr morgens auf Mallorca«.

Da es nichts gibt, was es nicht gibt, gibt es einmal jährlich eine wissenschaftliche Umfrage von Angehörigen der Hochschule Magdeburg-Stendal unter deutschen Residenten: Im Rahmen einer »Zufriedenheitsanalyse« wird ermittelt, was den Deutschen auf der Insel fehlt. Die sensationelle Antwort: Es sind nicht immaterielle Werte wie Glück oder Sex im Alter, was die Befragten vermissen, sondern es sind – in dieser Reihenfolge – Kirschsaft, Sellerie, Johannisbeeren, Rhabarber und Mohn, die den Opfern der Umfrage zu selten angeboten werden.

Für die nächste Diplomarbeit, liebe Hochschüler, ein heißer Tipp, er gilt auch direkt für die so inständig Befragten: Frisches Obst und Gemüse gibt es in allen Varianten auf Wochenmärkten allüberall auf der Insel; auf dem größten in Sineu jeden Mittwochvormittag. Nebenbei: Auf diesen Märkten kann man auch, wenn man will, (fast) perfekte Fälschungen von Markenprodukten aus der ganzen Welt für wenig Geld erwerben – und sogar behalten, wenn die halbedle Ware nicht noch auf dem Marktplatz von einem aufmerksamen Polizisten konfisziert wird.

Die Beschaffung von Kirschsaft und Mohn könnte schon schwieriger sein, müsste jedoch in allen neun Filialen der deutschen Drogeriekette Müller gelingen (vorausgesetzt, mit »Mohn« ist wirklich nur Mohn gemeint). Ein Mangel allerdings bleibt, der auf die Schnelle schwer zu beheben ist: Die Befragten rügten auch das Fehlen von »Soßenbinder«. Ihnen ist tatsächlich kaum zu helfen; es sei denn, der nächste Gast bringt ein Tütchen aus der Heimat mit.

Das tägliche Leben auf der Insel ist billiger als daheim – sagen die Besucher, die all-inclusive gebucht haben und außerhalb ihres Hotels nur wenige Euros auszugeben imstande sind.

Das tägliche Leben auf Mallorca ist teurer als in Paderborn – sagen die Rentner, die an ihren deutschen Mahlzeiten, womöglich auch am Soßenbinder hängen und deshalb alle Zutaten in den deutschen Lebensmittel- oder Delikatessläden kaufen, wohin sie einmal pro Woche originalverpackt mit Lastwagen über das französische und spanische Autobahnnetz plus Fährverbindung aus Barcelona gekarrt werden. Das kostet.

Tatsächlich sind, wie überall auf der Welt, manche Produkte teurer und manche preiswerter: Benzin etwa kostet pro Liter spürbare 20 Cent weniger als in Deutschland (Stand: Herbst 2008). Traditionell billiger sind Brot und Wein, erst recht jener, der direkt beim Winzer besorgt wird. Deutlich preiswerter sind auch Medikamente; sie tragen meist andere Bezeichnungen als daheim, deshalb sollte man Apothekern wegen der Ingredienzen den deutschen Beipackzettel mitbringen.

Unschlagbar günstig kann das *menú del dia* sein, das in vielen großen Gaststätten – sie ähneln zuweilen Speisesälen – mittags zwischen 13 und 15 Uhr, aber nur Montag bis Freitag (*dilluns–divendres*) angeboten wird: drei bis fünf Gänge in jeweils drei Variationen zum jeweiligen Festpreis zwischen 6 und 15 Euro, Wein, Wasser und Kaffee inklusive. Wenn der Wirt den Gast kennt, gibt's zum Abschluss einen spanischen Brandy gratis dazu oder einen mallorquinischen *hierbas*, einen Kräuterlikör, dessen Genuss quasi automatische Kopfschmerzen erzeugt; das Ausmaß hängt vom Grad der Trockenheit (des Likörs!) ab. Schon die nächste *rotonda* kann, je nach Polizeidichte, Gefahr und Wirkung des *hierbas* erhöhen.

Vorsicht ist jedem anzuraten, der in diesen mittags so preiswerten Speiselokalen ein À-la-carte-Abendessen einzunehmen wünscht: Er sitzt vereinsamt, wo mittags das Leben tobt, wundert sich erst über die Qualität des Essens und dann über die irren Zahlen auf der Rechnung, *la cuenta*. Und wenn er überhaupt wiederkommt, dann mittags.

In Bezug auf die heiligsten, seit Jahrhunderten erprobten Essgewohnheiten der Insel gibt es eine Zeitenwende, die mit einer Katastrophe zu tun hat, die vor vier Generationen Vegetation und Landwirtschaft umkrempelte. Damals, 1889, kam die Reblaus auf die Insel und vernichtete alle Kulturen, die – wie die Malvasier-Traube – seit römischer Zeit gepflegt und gehegt worden waren. So wurden die Winzer zum Umdenken und Roden gezwungen; damals entstanden auf den alten Weinflächen die großen Mandel- und Aprikosenplantagen, die von Schädlingen meist verschont bleiben. Die Zahl der Mandelbäume wird auf inzwischen wieder 7 Millionen geschätzt; allerdings werden nur von einem Bruchteil davon – eine Zählung des Landwirtschaftsministeriums ergab 117 400 Bäume – im Jahr etwa 2000 Tonnen *amettlas* gewerbsmäßig geerntet und verkauft. Die Zahl der Aprikosenbäume sank im letzten Jahrzehnt dramatisch um 80 Prozent auf 4500 – Ernte und Pflege sind ein mühsames Geschäft.

Mit den Mandeln aber entstand der mittlerweile legendäre mallorquinische Mandelkuchen *gató*, der völlig ohne Mehl auskommt, aber dennoch schwer im Magen lasten kann, wenn's ein Stück zu viel war.

Wer diese Früchte des eigenen Gartens nicht mit dem Hammer knackt – eine Finger und Augen gefährdende Übung – der kann sie in eine Knackmaschine nach Sineu bringen. Er kann sie auch hängen lassen und fertige Mandeln im Laden kaufen; die stammen dann aber aus Kalifornien, wo die Mandelernte offenbar billiger ist als im früheren Mandel-Eldorado.

Die Aprikosen – es gibt zwei Sorten, die normale golfballgroße und eine etwas größere, »Bäckchen« genannt – werden meist alle gleichzeitig am selben Tag zwischen dem 8. und 15. Juni reif und fallen wenige Stunden später unerbittlich zu Boden, wo in der Mittagshitze sogleich die Fäulnis beginnt. Wer kann, kann sie natürlich auch vorher von selbst gebastelten Leitern aus pflücken und zu Marmelade, Gelee oder Marillenschnaps umzuwandeln suchen. Meine jahrelangen Experimente in der Schnapsherstellung scheiterten immer wieder an den Außentemperaturen: Ist es zu kalt (selten), erstirbt der Gärungsprozess; ist es zu warm, also über 25 Grad (meistens), explodiert die Maische mit ungestümer Kraft und hinterlässt wüste Flecken (nicht nur) an den Wänden. Deshalb gehen richtige Insulaner mit den Früchten anders um: Sie werden gepflückt, getrocknet, geschwefelt und dienen manchen als Leckerei zum Nachtisch, anderen als geschmackvolles, diskretes, vor allem aber wirkungsvolles Abführmittel.

Dem Hobbywinzer ist erfahrungsgemäß schneller und leichter Erfolg beschieden als dem Schnapserzeuger. Viele Residenten kaufen sich neuerdings bei Inselwinzern quasi als Pate ein Fass beliebiger Größe und lassen den ausgesuchten Rebensaft bis zur ersten Verkostung reifen. Geduldigere Naturen bestellen in der Baumschule ein paar Rebstöcke, mit denen ihr Garten zum Weingarten wird, bei Andratx auch zum Weinberg, und bringen die erste Ernte (nach drei Jahren) zu einem jener modernen, umweltbewussten Önologen, die mittlerweile keine Plörre mehr produzieren, sondern edle weiße oder rote Gewächse – sogar ganz ohne Chemie.

Allerdings ist die richtige Reihenfolge zu beachten: Vor dem Besuch beim Önologen und in der Gärtnerei ist ein Gespräch bei der örtlichen *cooperativa* anzuraten; sonst gerät auch der kleinste Weinerzeuger zwischen die Mühlen und in Konflikt mit der EU-Agrarmarktordnung, die edle Sorten bevorzugt und den gekelterten Ramsch in Tüten vom Discounter verabscheut. Natürlich darf jeder, der will, Weinreben anbauen und deren Saft, auch vergoren, still vor sich hin genießen; eine Vermarktung des Weins setzt aber Anmeldung und Genehmigung voraus.

Es war ein weiter, hundertjähriger Weg von der Reblaus-Katastrophe zu den Qualitätsweinen der beiden heutigen geschützten Anbaugebiete Binissalem und Pla yLlevant, die die Hochebene bis zum Osten (Petra) umfasst. Die beliebtesten einheimischen Trauben auf heute wieder 2700 Hektar Anbaufläche, von der etwa 750 000 Liter Wein gekeltert werden, sind bei den roten Tempranillo und Manto Negro, bei den weißen Parellada oder Cabot. Weil der herkömmliche Tempranillo einen zu schweren, dunklen Wein ergibt, wird er von der heutigen Winzergeneration gern ein wenig verschnitten, mit französischem, inzwischen aber auch auf der Insel angebauten Cabernet Sauvignon, mit Shyraz, Merlot oder manchmal sogar mit Weißwein, um ihm die dunkle Farbe auszutreiben. »Heutzutage«, schreibt der britische Weinpapst Robinson, »macht eine Handvoll geschickter Winzer auf Mallorca mit intensiven Roten guter Qualität auf sich aufmerksam«.

Erstaunlich viele dieser hochgelobten Önologen betreiben ihr Handwerk mit größter Leidenschaft, im Fall des europaweit verbreiteten, teuren Anima Negra aus Felanitx auch mit ökonomischem Erfolg. Dessen kleiner Bruder AN-2 ist preiswerter, aber sicherlich gleichwertig.

Zwei professionelle Winzer, Jaume aus Santa Margalida und Carlos aus Porreres, bieten den Kunden an, ausgesuchte Rebsorten selbst zu ernten, zu keltern und in Fässern ihrer Wahl reifen zu lassen; als Preis pro Flasche werden dann zwischen 5 und 7 Euro berechnet.

Manchen ist sogar der Geschäftserfolg schnurz, sie betreiben Weinbau nur als edles Hobby. In der Nähe von Algaida etwa kümmert sich der ökologisch bewusste Önologe Gabriel voller Hingabe um seinen aus Generationen ererbten Weingarten. Niemals würde er auch nur eine kleine Chemikalie einsetzen, um Unkraut oder Ungeziefer, Krankheiten gar, zu vertreiben. Den Pflug lässt er vom Pferd durch die Rebenreihen ziehen, damit Treckerabgase nicht die Beeren verderben; und geerntet wird von Hand an Tagen, die nach dem Mondkalender günstig sind, aber nur gleich nach Sonnenaufgang, damit nicht in der Mittagswärme schon die Gärung einsetzt.

Gabriels reiner Wein, selbst Riesling ist darunter, kann es mit Provenienzen höchster Güteklassen aufnehmen. Aber er macht keine Werbung, darf es auch nicht: Im Hauptberuf ist er Soziologieprofessor, wenn auch nur montags bis mittwochs. Dann erforscht er Mallorcas Traditionen – Sprache, Musik und Kultur. Den Rest der Woche widmet er sich ganz seinem Wein.

Von Eseln und Kreiseln.

Verkehrsteilnehmer

Es ist eine eigenwillige, ganz bestimmte Art von Ordnung, an der Vorbeifahrende erkennen können, ob Mallorquiner oder ob Zugereiste eine Finca rechts oder links der Straße bewohnen. Ein eingeborener Mallorquiner wirft niemals irgendetwas weg – keine Plastiktüte, keinen Bindedraht, keine Gemüsekiepe und kein altes Auto. Oldtimer-Freunde finden fasziniert die seltsamsten prähistorischen Karossen, meist aus frühfranzösischer Fertigung, die freilich nur selten fahrbereit sind: Ein solcher Aufwand wäre einem Mallorquiner viel zu teuer.

Einfacher ist es, das alte Auto von Großvater im Garten zu verwahren. Wer weiß, ob nicht eines Tages ein Stück davon wiederverwertet werden kann? So rostet gegenüber der rustikalen Grillkneipe Ca'l Dimoni an der alten Landstraße Algaida–Manacor die Karosserie eines Gefährts aggressiv vor sich hin; früher, zu Beginn des vergangenen Jahrhunderts, mag es mal ein Opel P4 »Laubfrosch« gewesen sein, der hier das Zeitliche segnete.

Auf unserem Nachbargrundstück fand sich unter einer mächtigen Feige mit oft delikaten Früchten ein Panhard der frühen Fünfziger mit verwitterten Kennzeichen, ohne Motor, Reifen oder Scheiben. Der Nachbar verkaufte uns das Brachland und verpflichtete sich, die Autoreste zu beseitigen; der Feige aber fehlte nun das schützende Wrack, sie ging sogleich ein.

Selbst einigen Einheimischen ist die Menge von Altautos aufgefallen, die einfach so herumstehen und auf irgendetwas zu warten scheinen. Zum Beispiel darauf, dass der Inselrat sie zählen lässt: Das Ergebnis belief sich auf 4370 Fahrzeuge, deren Zeit abgelaufen ist – das sind fast eineinhalb Wracks auf den Quadratkilometer. Alle liegen auf privatem Grund, sonst könnten sie ja ex officio entfernt werden. Nein, ein Mallorquiner hebt sie auf.

Ganz selten laufen solche Sammlerstücke noch im Straßenverkehr; aber wenn Sie einmal einen bunt bemalten R4 mit steinaltem »PM«-Kennzeichen treffen sollten, ist äußerste Vorsicht angebracht: Fahrer, Führerschein und Wagen stammen aus jener geschichtlichen Epoche, als Esel und Mulis die Hauptverkehrsmittel Mallorcas waren.

Damals schaffte ein Bauer als Wegstrecke eines Tages ziemlich exakt 13 Kilometer, jedenfalls auf der meist flachen Hochebene Es Pla. In dieser Distanz gab es früher überall Raststationen für Tier und Mensch; daran erinnern die oft urtümlichen *hostals*, die sich heutzutage von einfachen Übernachtungs- zu immer noch rustikalen Restaurantbetrieben gewandelt haben. Der Durchschnittsentfernung entspricht die (alte) Strecke zwischen Palma und Arenal, dann nach Llucmajor, von dort nach Algaida, weiter nach Sant Joan, von da nach Manacor und weiter nach Porto Cristo: Ein Esel samt Bauer brauchte also von dort zurück in die Hauptstadt sechs Tage. Aber was sollte er in Palma? Ebenso gut konnte sein Herr seine Produkte auf dem Markt des nächsten Dorfes verkaufen.

Manchmal noch trifft man in stillen Winkeln der Hochebene auf ein solches Gespann. Ganz in unserer Nähe zieht eine Bäuerin fortgeschrittenen Alters wenigstens einmal die Woche mit ihrem Gefährt über die Feldwege – vorn ein Esel, dahinter sie auf dem Kutschbock eines vergrößerten Leiterwagens. Der Schäferhund (*pastor*), angebunden am Karren, läuft als Nachhut hinterdrein; dabei kennt er den Weg seit Jahrzehnten.

Zwischen März und Dezember gehört eine Fahrt auf den fast immer geteerten, oft schlaglochfreien Radwegen, die inselweit zu einem immer besseren Netz geknüpft werden, zu den schönsten, allerdings unspektakulären Naturerlebnissen, die die Insel zu bieten hat. Im März sprießt am Feldrain der wilde Spargel meist aus Brombeergestrüpp heraus, danach der unglaublich aromatische Fenchel oder wilder Dill. Anfang Juni plumpsen die reifen Aprikosen zu Boden, wenig später sind die ersten Feigen reif; die zweite Feigenernte folgt im Spätsommer. Zwischen Inca, Binissalem und Santa Maria del Camí, in der Ebene vor dem Tramuntana-Gebirge, verlaufen die Radwege durch endlose Weinfelder. Die ersten weißen Trauben sind Mitte August essbar, die roten ein wenig später im September. Nach jedem Regenschauer kriechen die Schnecken (*caragols*) aus ihren Verstecken; die Einheimischen sammeln sie in großen Tüten. In Casa Blanca und Son Ferriol nahe dem Flughafen ist dann mehrtägiges Schneckenfest.

Im März beginnt die Radlersaison. Immer mehr Hobby- und immer weniger Profisportler brettern dann zu Trainings- oder Rennzwecken, oft nur zur Entspannung über die Inselpisten, und besondere Vorsicht ist angesagt, wenn hinter dem Pulk ein Auto mit aufmontierten Ersatzrädern fährt: Dann ist es wohl einer der nach den Dopingwirren verbliebenen Rennställe, der hier trainiert und dessen Fahrer mit Ausreißversuchen andere Straßennutzer erstaunen lassen. Während der Fahrrad-Hauptsaison im Frühjahr sind zuweilen ganze Inselviertel den Bikern und ihren Rennen vorbehalten und für Autos gesperrt. Auf der Insel gelten für Radler eigene, sonst nirgends übliche Verkehrsregeln: Beispielsweise dürfen mehrere von ihnen nebeneinanderher fahren, ohne dass Sie gleich die Polizei rufen sollten. Auf den Spezial-Radwegen gilt für Automobilisten ein eigenes Tempolimit; Profis des Zeitfahr-Radsports überschreiten es mühelos. Manche Restaurants halten eigene, getrennte Tische für die Radsportler bereit, die in ihren windschnittigen, glänzenden Höschen und den mit Pedalplatten versehenen Schuhen für die anderen Gäste ein seltsames Bild abgeben, wenn sie zum mitgebrachten *energy-drink* höchstens mal ein Wasser oder einen *café solo* bestellen.

Die meisten Radwege folgen den uralten Landstraßen zwischen den Dörfern, *cami vell* genannt, während Autobahnen und Schnellstraßen ohne Rücksicht auf traditionelle Routen mithilfe von Brücken, Tunnels oder – hauptsächlich – beidseitigen Leitplanken die Dörfer und Dörfler vom Verkehr wegsperren. Eines der absurdesten Beispiele ungezügelten Straßenbauwahns ist die neue Umgehungsstrecke für den eigentlich hübschen kleinen Ort Sant Lorenç des Cardassar im Inselosten, zu dessen 6000 Einwohnern prozentual die meisten Deutschen gehören, nämlich 11 Prozent. Wer früher gemächlich und schnurgerade durch den beschaulichen Ort rollte, wird nun im Schutz kilometerlanger Leitplanken durch sinnlos in den Berg gefräste Schneisen geschickt und an sinnlosen Kreiseln in sinnlose Richtungen abgeleitet.

Sollten Sie noch im Besitz einer Straßenkarte von Ihrem letzten Mallorca-Aufenthalt sein – werfen Sie sie weg. Sollten Ihre Eltern Ihnen eine solche Karte vererbt haben, nageln Sie sie an die Wand oder versuchen Sie, das gute Stück antiquarisch zu verhökern. Aber keinesfalls benutzen!

Noch vor einigen Jahren sind Straßenkartenzeichner mit Mallorca verfahren, als sei es fester Bestandteil der Dritten Welt: Auch dort werden weiße Flecken gerne mit elegant durchgehenden Straßenverbindungen übermalt, die es oft nicht gibt und noch nie gegeben hat. Umgekehrt mag manch ein Kartograf eine existente Straße nicht leiden, oder, schlimmer noch, er will sie bewusst anderen Autofahrern verheimlichen: Dieser Verdacht gilt besonders für die landschaftlich ungemein eindrucksvolle Strecke von Artà zum schönsten Strand des Nordostens, der *Cala torta*. Auf drei Vierteln aller Karten ist weder die Bucht noch die perfekt renovierte Straße – mitten durchs Naturschutzgebiet mit Meerblick bis nach Menorca – zu erkennen.

Außerdem verfügt der Inselrat alle paar Jahre eine neue Klassifizierung der Haupt- und Nebenstrecken; bei dieser Gelegenheit werden die schönen bunten Kilometersteine erneuert, umgemalt und umgesetzt, eine Arbeitsbeschaffung in großem Stil. Denn jeder, der bisher etwa so wohnte: *carreterra c-715, Palma–Manacor s/n, km 33,3*, der braucht, ohne umzuziehen, neue Visitenkarten, denn die Straße heißt urplötzlich *Ma-15* und wurde begradigt, deshalb stimmt die Entfernungsangabe auch nicht mehr. Wenn Ihnen keine eigene Ausfahrt aus der Schnellverbindung gebaut wurde, ist die alte Adresse ohnehin obsolet.

Jedenfalls sollten Rad- oder Kutschfahrer die heutigen Schnellstraßen besser nicht benutzen; auf beiden Seiten dieser Halb-Autobahnen wurden für die Anlieger durchgehende *camis de serveis* gebaut, die durch Ausfahrten und Kreisel Anschluss an den schnelleren Verkehr haben. Solche *rotondas* sind die Seuche des 21. Jahrhunderts. Nirgends sonst, nur hier wird auf den Straßen Mallorcas das Recht des Stärkeren praktiziert: Die linke Spur im Kreisel, da sie den natürlichen Geradeaus-Drang des Fahrers hemmt, wird gnadenlos geschnitten; und die ganz Forschen biegen dann von innen links im rechten Winkel nach außen ab.

Kein Wunder, dass *rotondas* als Warteplätze und Versammlungsorte der drei spanischen Polizistengattungen beliebt sind: Hier treffen sich die feschen Angehörigen der *guardia civil* – es gibt 1810 dieser Oberpolizisten – mit manchen der 1435 Kollegen der Nationalpolizei oder den insgesamt einigen Hundert Lokalpolizisten aus den 52 Dörfern und Gemeinden zum Plausch (fast immer) oder zu Alkoholkontrollen, bei denen sie Autofahrer zu Tageszeiten zum Pusten bitten, an denen ihnen selbst der Nachdurst am größten scheint (morgens vor dem Mittagessen).

Auf den Autobahnen gelten 120 Stundenkilometer als erlaubte Spitze – jedenfalls für Touristen und Residenten; ein alter Mallorquiner würde niemals so sinnlos schnell fahren. Für ihn und seinesgleichen wurde als EU-Ausnahme ein goggomobil-ähnliches, führerscheinfreies, dieselgetriebenes Wägelchen namens Aixam oder sogar Titan erfunden, das bestenfalls zum Überholen von Fußgängern taugt, dem man aber auf den kurvenreichen Gebirgsstraßen der *Tramuntana* weiträumig ausweichen sollte. Die Frage, warum sich ein erwachsener Mensch freiwillig in ein derart absonderliches Verkehrhindernis setzt, stellt sich einem Mallorquiner nicht wirklich: Vielleicht gehört er zu jenen etwa 30 000 Spaniern (geschätzt), die niemals eine Führerscheinprüfung absolvierten? Oder er will mit seinem Schritttempo die anderen auf die Schönheit der Landschaft aufmerksam machen? Oder er fährt Auto, wie er sonst auch vorgeht: *poc au poc*, gemächlich eben.

Die Kreisel rund um die Dörfer sind absichtlich künstliche Verkehrshindernisse, um die nicht-mallorquinischen Automobilisten am Überschreiten des Tempolimits (100 km/h) auf den Schnellstraßen zu hindern. In der Mitte der *rotonda* stellen die Erbauer zur Schau, was sie selbst für Kunst halten – etwa verrostete Objekte aus dem Straßenbau wie alte Dampfwalzen oder, am Kreisel von Vilafranca in Richtung Petra, stilisierte Frauengestalten aus Metall, die auf die nahe gelegene beliebte Bar Los Melones verweisen, in der die Frauen nicht aus Metall sind.

Verkehr verkehrt.

Bei Nachtfahrten ist an allen *rotondas* höchste Vor- und Umsicht geboten: Man sollte keinesfalls jener Bremsspur folgen, die in die Mitte des Kreisels zielt, sondern beizeiten abbremsen und dann rechtzeitig abbiegen. Andererseits sind Kreisel und Ausfahrten wohl aus Gründen der Verkehrssicherheit so grell beleuchtet, als fände dortselbst unter Flutlicht irgendeine Attraktion statt. Jedenfalls können Autofahrer, leider auch Anwohner die Milchstraße nun nicht mehr finden – dazu ist es zu hell. Aus den »Küsten des Lichts«, wie Peter Bamm vor einem halben Jahrhundert die Gestade des Mittelmeers nannte, sind jetzt, jedenfalls nachts, Kreisel des Lichts geworden. Manch nachtblinder Autofahrer dankt.

Wie überall auf der Welt erwartet auch Mallorcas Verkehrsbehörde von den Autofahrern – auf 1000 Einwohner kommen 950 Fahrzeuge, und in der Saison brettern zusätzlich mehr als 50000 Leihwagen über die Straßen – ein angemessen defensives Verhalten, um sich und auch andere nicht in Gefahr zu bringen. Der gute Vorsatz gilt nicht für die Behörde: Verkehrsschilder werden prinzipiell an Metallpfählen angeschraubt, die unmittelbar neben der Fahrbahn in den Bordstein gerammt sind. So entfällt die Notwendigkeit, die in Deutschland so beliebten Poller aufzustellen, die dafür sorgen, dass man dem Bürgersteig nicht zu nahe kommt. In offenbar ganz wichtigen Fällen (etwa im Umfeld von Felanitx und Porreres) werden Schilder oder historische Straßenlaternen mitten auf der Fahrbahn einbetoniert – das mag gefährlich wirken, erzwingt aber größte Vorsicht. Auch die Zu- und Abfahrten an den neuen Schnellstraßen der Inselmitte erheischen die ganze Aufmerksamkeit des Fahrers: Sie beginnen dreispurig, um unvermittelt, meist am Rand einer riesigen Pfütze oder terrassierten Böschung in die Karrenbreite eines Eselsgespanns überzugehen.

Auf allen Landstraßen gilt, neben einem Tempolimit von 90 Stundenkilometern, das lebensrettende Gebot, um keinen Preis die Fahrbahn zu verlassen, auch nicht für eine Besinnungs-, Fotografier- oder sonstige Pause: Fast jedes Jahr erhalten die Straßen eine neue Teerdecke, die einfach auf die bisherige aufgebracht wird. So kann der Höhenunterschied zwischen Fahrbahn und Böschung leicht einen halben Meter erreichen. In der Gegend des Tramuntana-Gebirges, bei Alaró oder Selva, säumen nach oben offene gewaltige Betonröhren die Straßen – keine Radwege, sondern Aufnahmebecken für die plötzlichen *torrentes*, die nach Regenfällen zu Tal donnern.

Sollten Sie persönlich mit Ihrem Auto einem derartigen *torrent* begegnen, ist es eigentlich schon zu spät. Die Sturzbäche kommen ziemlich plötzlich mit Urgewalt daher und nehmen gern alles mit, was ihnen mobil erscheint. Das beste Verhalten in einer solchen Situation demonstrieren die Einheimischen: einfach stehen bleiben, auf möglichst ebener Straße allerdings, und warten, bis das Unwetter abgezogen ist. Da das alle Mallorquiner so machen, sind die Straßen ohnehin blockiert.

Den Wetterbericht sollten Sie unbedingt auch hören, bevor Sie eine Fähre zu einer Nachbarinsel oder zum Festland besteigen; allerdings nicht nur den vom Reisekonzern TUI gesponserten im deutschen Inselradio, sondern die meistens zutreffende Vorhersage des Seewetterdienstes an gleicher Stelle morgens um halb acht oder abends um 18 Uhr. Noch bessere und hochaktuelle Daten liefert das nationale Meteorologische Institut auf der Internetseite des Umweltministeriums aemet.es – ständig aktualisiert für die folgenden sieben Tage.

Sobald dort von »grober See« die Rede ist, geben Fährkapitäne gern jede Anstrengung auf und vertäuen ihr Schiff an irgendeiner Mole. *Una palabra*: Fähren sind wie ein *torrent*. Sie kommen und gehen, wann es ihnen passt. Im Sommer 2008 stellten die hochmodernen Katamaran-Schnellfähren zwischen dem Festland und den Inseln von einem Tag auf den nächsten ihren regelmäßigen und durchaus erfolgreichen Betrieb ein, angeblich sogar für immer – unter dem Vorwand, die Treibstoffpreise seien zu schnell zu sehr gestiegen.

Ähnlich ist es mit der Verkehrspolizei: Sie kontrolliert, straft oder erzieht nach zufälliger Lust oder Laune. Manchmal, aber eher selten wird ein Falschparker in einem sonst menschenleeren Dörfchen drakonisch mit einer hohen *multa* bestraft, etwa weil sein Auto auf einer gelben Linie steht; dann freut sich derselbe Polizist, der die Verwarnung eben ausstellte, über das persönliche Gespräch mit dem Delinquenten und zerknüllt den Strafzettel mit einer Entschuldigung. Das gilt freilich nicht auf jenen Hauptverkehrsstrecken in Palma, den *Avenidas* oder dem Passeig Marítim, die mit den mysteriösen Buchstaben VAP bemalt sind – für *via d'atenció preferent*, Strecke der besonderen Aufmerksamkeit. Wer dort sein Auto verlässt, hat es bald verloren; es wird ohne Erbarmen von besonders aufmerksamen Polizisten abgeschleppt. Dann kann es wie alle anderen der jährlich 13 000 abgeschleppten Autos auf einem der drei Lagerplätze landen, die nachts oder feiertags aus Sicherheitsgründen hermetisch abgeriegelt sein können. Wer sich, etwa wegen einer festen Flugbuchung, länger als zwei Monate lang nicht um sein Vehikel kümmert und sich der Hoffnung hingibt, auf dem öffentlichen bewachten Lagerplatz sei es am besten aufgehoben, dessen Fahrzeug kann entsorgt, mithin verschrottet werden. Also Vorsicht!

Sollten Sie einen Einkaufsbummel in der Inselhauptstadt planen, nehmen Sie das »Bummeln« wörtlich! Gehen Sie also zu Fuß und fahren Sie niemals in eine der unglaublich engen Gassen hinein, die meist mit grauen Pollern versperrt sind, die nur von Anwohnern mit einer speziellen Codekarte geöffnet werden können. Wenn eine Gasse offen scheint, bedeutet das nicht, dass Sie oder gar Ihr Auto willkommen sind; es heißt nur, dass der Poller und seine komplizierte Elektronik kaputt ist. Wer dann einmal drinnen ist, kommt ohne Karte nicht wieder heraus.

Und werfen Sie keine Briefe in all die bunten Kästen, die rund um die Altstadt herumstehen – die bilden ein höchst kompliziertes Müll-Entsorgungssystem, das sich pro Jahr inselweit um die Beseitigung von 700 000 Tonnen Müll zu kümmern hat. Aber werfen Sie auch keinen Abfall in die Klappen, jedenfalls nicht zur falschen Zeit: Der Mülleinwurf ist nur abends für eine kurze Zeit erlaubt, sonst ist eine Strafe fällig.

Sollten Sie zum Shopping in Palma weilen und aus Sparsamkeit die zahllosen Parkgaragen rund um die Altstadt vermeiden (was ein Fehler ist), dann finden Sie nach dem Einkauf unweigerlich eine Knolle unter dem Wischer. Wenn der zuständige Polizist bereits davongeschritten ist und für Ihre Einflüsterungsversuche nicht mehr zur Verfügung steht, dann bleiben Ihnen trotzdem einige Optionen:

a) Sie bezahlen am Automaten die fällige Summe; das geht aber nur für bestimmte Zeitabschnitte und nur dann, wenn ein Automat in der Nähe ist.

b) Sie gehen zu einer Bank und zahlen Ihre Strafe ein, abzüglich 20 Prozent Rabatt, der jedem gewährt wird, der binnen Monatsfrist die Schuld begleicht.

c) Sie werfen den Zettel weg und vertrauen auf die Überlastung der mallorquinischen Verkehrs- und Justizbehörden.

Variante c wird gerne von den Fahrern gemieteter Wagen gewählt, weil die *multa* vor Ablauf der Mietzeit vielleicht noch nicht wirklich fällig ist oder weil der Heimflug ohnehin bevorsteht. Aber auch Residenten nutzen diese Option, weil sie instinktiv/intuitiv ahnen, dass sie am Ende des nun beginnenden Spiels trotz angeblicher Schuld sogar gewinnen können – und zwar zumindest den Spaß an der Geduld.

Es ist nämlich so: Wer seine Strafzettel oder auch seine Steuern nicht bezahlt, dessen Name kann in bestimmten

Gemeinden der Insel einmal im Jahr wie an einem Pranger öffentlich ausgehängt werden. Er gilt als reuloser Schuldner, der nun binnen zwei Wochen zahlen soll. Ganz Mallorca freute sich ziemlich schadenfroh, als im Jahr 2006 als Schuldner der Name des Königs an den Pranger gehängt wurde – in seinem Fall ging es nicht um eine *multa*, sondern um zwei Mopeds, deren Steuern vom königlichen Hofstaat versehentlich nicht gezahlt worden waren. Das war nun wirklich ein Musterbeispiel für praktizierte Demokratie, der Beweis, dass Könige genauso behandelt werden wie alle anderen. Weder denen noch dem Monarchen wird nämlich auf Mallorca, wie sonst überall auf der Welt üblich, vorher eine Mahnung oder eine letzte Zahlungsaufforderung geschickt: Dann wäre es ja kein öffentliches Spiel. Und zu jedem Spiel gehört das Risiko – das des Schuldners, aber auch das des Gläubigers, also der Staatskasse.

Es kann nämlich sein, dass ein dermaßen Angeprangerter sein Versäumnis gar nicht bemerkt, etwa, wenn sein Bekanntheitsgrad nicht an jenen von Juan Carlos heranreicht. Dann passiert nichts, einfach gar nichts – und ebendas ist das Schöne an Mallorca: Dann ist es wieder das so überaus sympathische Maghrebinien des Schriftstellers Gregor von Rezzori. Auch dort sind die Zustände so, wie sie nun mal sind. Warum soll man sie ändern? Und wer ist »man«? Etwa ein ständig besserwisserischer Deutscher, in dessen Heimat ja auch nicht alles so funktioniert, wie es sollte oder könnte?

Eine geradezu drakonische Verschärfung der Verkehrsregeln trat fast überfallartig Ende 2007 in Kraft. Danach wird mit einer Strafe von bis zu fünf Jahren Gefängnis und zehn Jahren Führerscheinentzug bestraft, wer sich auf Autobahnen mit einem Tempo von über 200 Stundenkilometern und innerorts mit einer Geschwindigkeit von mehr als 110 erwischen lässt. Aber wer so beknackt rast, werden Sie jetzt sagen, und dann auch noch durch eine Kontrolle, der hat doch nicht anderes verdient!

Halt, halt, antworte ich. Dieselben Strafen drohen jedem, der die geltende 0,5-Promillegrenze ignoriert und mit mehr als 1,2 Promille im Blut am Steuer eines Autos ertappt wird. Das entspricht, je nach Gewicht, etwa vier bis sieben Gläsern Wein oder drei bis sechs Bier oder vier spanischen Brandy. Wenn Sie Ihren Ferienaufenthalt nicht mit einigen Jahren Knast verlängern wollen, sollten Sie Alkohol nur noch in kleinstmöglicher Menge, zu Hause oder in Ihrem Hotel konsumieren – oder in Palma, wo es wenigstens ein Taxi für die Rückfahrt gibt.

Oder Sie müssen im Fall des Falles Spanien vor dem Europäischen Gerichtshof verklagen, weil diese Strafen ausschließlich der Abschreckung dienen sollen, tatsächlich aber wohl jenseits der Strafrechtsnormen liegen, die innerhalb der EU Bestand haben. Aber bedenken Sie: Der Rechtsweg in Spanien und Europa ist mühsam, teuer und vor allem nur mit äußerster Geduld zu beschreiten. Da können schon mal fünf, gar zehn Jahre Wartezeit zusammenkommen, die Sie im Gefängnis, ohne Lappen und mit der quälenden Frage verbringen, wer denn nun wirklich recht hat. Vorsicht ist allemal besser.

Zum Schluss ein Tipp für alle Radler, die ihre Reise nicht pauschal, sondern individuell gebucht haben und deshalb am Flughafen vom Organisator nicht im Minibus empfangen werden: Versuchen Sie nicht, den Airport per Fahrrad zu verlassen! Sie stecken zwischen Autobahnen fest! Nehmen Sie auch kein Taxi, die meist winzigen Droschken, etwa vom Typ Opel Astra, haben kaum Platz für Koffer (die werden dann aufs Dach geschnallt), geschweige denn für Räder. Nehmen Sie den Linienbus; und beim nächsten Mal lassen Sie Ihr Rad daheim und mieten vor Ort ein anderes.

Und ein Tipp für Messebesucher, die eine Ausstellung im alten Flughafenterminal A, etwa die regelmäßigen Kunstmessen PalmArt oder BaleArt, besuchen wollen: Sollten Sie nicht per Taxi anreisen, wählen Sie am besten ein Flugzeug. Dann ist der Weg von C oder D nach A am leichtesten zu finden.

Oder Sie warten auf die neue Straßenbahn. Es kann allerdings noch einige Jahre dauern, bis sie wirklich vorbeikommt.

Do ut des.

Vom eigenen Vorteil

Kaum eine Flugstunde ist Mallorca von seinen südlichen Nachbarn Algier oder vom Maghreb entfernt. In ihrer traditionellen Gesellschaftsstruktur, in der besonderen Ausprägung politischer Gestaltung und demokratischen Bemühens erinnert die Insel immer wieder an jenes ethnisch durchmischte, höchst liebenswerte Maghrebinien, dessen Geschichte und Geschichtchen der Schriftsteller Gregor von Rezzori 1953 erfand, aber aus realen sozialen und menschlichen Elementen des gesamten Mittelmeer- und Balkanraums zusammensetzte. Hier, auf der Insel, wie dort – in der Phantasie des einst österreichisch-balkanischen Autors – stützt sich die Gesellschaft »auf die Gelassenheit der Seele und auf den Bakschisch«, der keineswegs nur ein herablassend gewährtes Trinkgeld, sondern durchaus ein Bestechungsgeld, sogar »ein Judaslohn« sein kann. Das Prinzip ist altrömisch und lautet im Hochlatein: *Do ut des* – der gleichwerte Vorteil.

Aber Achtung, lieber Leser: Wer nun gleich bei der

nächsten Verkehrskontrolle oder zur Lösung eines bürokratischen Problems plump mit einem Geldschein wedelt, hat mich falsch verstanden. Korruption im nördlichen Mittelmeerraum – welch hässliches Wort für allgemein verbreitete menschliche Verhaltensweisen! – ist kein Automat, der nach dem Einwurf eines Betrages sofort das ersehnte Ziel herausgibt. Bestechlichkeit auf den Balearen besteht auch auf eleganten, bestechenden Umgangsformen, deren einzelne Transaktionen nicht justiziabel, also nachweisbar sind; das ist gerade das Bestechende daran.

Der Mallorquiner und Mallorca-Soziologe Josep Moll hat die Erscheinung untersucht und mit einer komplizierten Definition eingefangen: »Eine gewisse Nachsicht gegenüber Versuchen, den eigenen Vorteil zum Maß aller Dinge zu erheben, ist bei uns sehr stark ausgeprägt.« Dabei kann der eigene Vorteil das eigene Konto (schlecht, da nachweisbar), das eines Verwandten (besser) oder eines der Partei sein, dem der Umworbene nahesteht (noch besser, weil karrierefördernd).

Freilich geht es nicht immer so direkt um materielle Werte. Manchmal fällt auch die mallorquinische Politik in jene schrecklichen Niederungen, wo sich auch deutsche Kommunal-, Regional- oder sonstige Klüngel allzu oft gerne aufhalten. Dann erinnert das zuweilen schrille Agieren der Beteiligten an das versuchte Zusammenwirken einer Laienspielschar. Keiner weiß, wer gerade das Sagen hat; daher reden alle durcheinander.

Ein typisches Beispiel für sinnloses Hin und Her war der jahrelange Dauerstreit zwischen dem Inselrat (*consell*) – vergleichbar einem Provinzparlament –, der Stadtverwaltung von Palma und der Balearen-Regierung (*govern*), der sich an der für Zukunft und Gedeihen Mallorcas total belanglosen Frage entzündete, ob das bronzefarben prunkende, sonst eher einfältige Verwaltungsgebäude des Stromversorgers Gesa – exakt im Herzen der Hauptstadt zwischen den Avenidas, der Altstadt, dem Meer und dem Flughafen – für den Bau eines neues Messegeländes abzureißen oder, schlimmer noch, unter Denkmalschutz zu stellen sei.

Jeden Monat entschied wieder eine Institution das Gegenteil dessen, was die anderen entschieden hatten; und wenn der verehrte Nutzer dieser Gebrauchsanweisung in 20 Jahren am Beginn der Flughafenautobahn noch den nüchternen Fabrikverwaltungssitz betrachten kann – einziger Schmuck: die getönten Scheiben –, dann hat der Inselrat die Partie für sich entschieden; dann gilt die standardisierte Betonwabe als Denkmal, und Ehrfurcht ist angesagt. Fehlt das Gebäude, dann hat sich die Stadtverwaltung durchgesetzt. Dem zeitweiligen Besucher wie dem Residenten ist das ewige Tauziehen zwischen den Gremien und Instanzen ohnehin egal.

Ganz ähnlich verlaufen die Auseinandersetzungen um den Bau eines neuen Terminals für Kreuzfahrtschiffe, für einen zweiten Autobahnring rund um Palma oder um die Verlängerung bestehender Eisenbahnlinien. Die Wogen schlagen hoch, höher noch, je näher ein Wahltermin rückt.

Es mangelt, würden schlauköpfige deutsche Politologen sagen, an einer Konfliktvermeidungsstrategie zwischen den Instanzen; niemand versucht, einen Konsens zwischen den Gruppen zu finden. Der passt auch nicht so ohne Weiteres ans Mittelmeer, nicht nach Mallorca und nicht nach Maghrebinien. Es fehlt ein Vermittler oder wenigstens ein Regelwerk zur Vermittlung. Nach vier Jahrzehnten der Diktatur wird die Demokratie noch ein wenig geübt. Und die Administration wirkt oft mächtiger als ihre Kontrolleure, die Parlamente.

Tatsächlich handelt es sich bei all den (meist) braven Politikern, die Palma oder die anderen 52 Inselgemeinden, Mallorca und/oder die Balearen regieren oder verwalten, vielleicht um Amateure, keinesfalls aber um Laien. Vielmehr ist es wie bei einem Schul- oder Jugendorchester: Es wird fleißig geprobt, aber substanziell wenig aufgeführt. Das liegt natürlich auch daran, dass (nicht nur) bei den Proben traditionell die kleinste Kraft die erste Geige zu spielen wünscht. Das ist auf der Insel genauso, wie es die längste Zeit in Deutschland war, wo fast alle Kanzler mit der FDP regierten, die FDP aber entschied. Die FDP auf Mallorca heißt *Unió Mallorquí*, UM – eine den Freidemokraten verwandte, regionalistische, bäuerliche eigenbrötlerische Partei der Mitte. Und die UM sorgte mit ihren wechselnden Partnern dafür, dass sich seit der Jahrhundertwende ein dauerhafter Inseltrott einspielte: Wie überstehen wir die nächste Wahl? Wie bleiben wir möglichst lang an der Macht? Was frommt uns am besten? Auf diese Fragen wussten alle Parteien in den letzten Jahrzehnten – natürlich ohne es laut zu sagen – die gleiche Antwort: ein Bakschisch für den Wähler, hier *regalo* oder besser noch in der Verkleinerungsform, weil inseltypisch, *regalito* genannt.

Die grün angehauchten Linken nagelten um die Jahrhundertwende in Rekordzeit als Wahlgeschenk eine Eisenbahnlinie in die schönen, stillen Winkel zwischen Inca, Sineu und Petra nach Manacor. Die Wahl ging für die Regierenden verloren. Gleich danach musste die Strecke wegen Pfusch am Bau monatelang stillgelegt werden. Regengüsse hatten Böschungen aufgeweicht.

Die nächste, konservative Regierung verlegte den

Schwerpunkt vom öffentlichen Nah- auf den privaten Regionalverkehr und schlug Autobahnschneisen nach Andratx, Alcúdia, Llucmajor und eine Schnellstraße nach Manacor durchs Eiland. Um den Vorwurf der Linken zu entkräften, sie überziehe die Insel mit Beton und tue nichts fürs gemeine Volk, wurde der Bahnhof an der Plaça d'Espanya in Palma unter die Erde gebaggert, darüber ein Park gelegt und darunter im milden Größenwahn ein U-Bahn-Tunnel in Richtung Universität gebohrt.

Es kam, wie es auf der Insel oft kommt: Was eigentlich als nettes *regalo* gedacht war, geht in jeder Hinsicht schief. Schon nach wenigen Regenfällen war der Bahnhof voller Wasser, und die neue U-Bahn bedurfte an mehreren Stationen einer sofortigen, ein Jahr währenden und fast 30 Millionen Euro teuren Grundsanierung, weil – so der zuständige Minister – »der U-Bahn-Tunnel bei Regen als eine Art Abwasserkanal dient«; auch der Über-Wasser-Park musste geschlossen werden. Schon vorher freilich hatte sich gezeigt, dass die Wähler des ihnen so platt angebotenen Bakschisch gar nicht bedurften – sie wählten die Regierung einfach ab. So einen offenen Kuhhandel – Stimme im Tausch gegen Investition – wollen die Insulaner offenbar gar nicht.

Kurz vor der Wahl hatte ihr Ministerpräsident Jaume Matas sie und die Fachwelt noch mit dem futuristischen Entwurf für ein fabelhaftes Opernhaus am Hafen verblüfft. Ein handgefertigtes Modell des Stararchitekten Santiago Calatrava, dargeboten in einer drei Meter langen gläsernen Vitrine im Amtssitz des Premiers, sollte den weltläufigen Betrachter an Sydneys berühmte, blütenähnliche Oper erinnern und Palmas Zukunft als Kulturzentrale Europas garantieren. Niemand hatte freilich eine Idee gehabt, wie das teure, 100-Millionen-Euro-Prestigeobjekt und vor allem seine täglichen Folgekosten finanziert werden könnten. Nach der Wahl verschwanden Vitrine und Modell folgerichtig in der Versenkung.

Populismus auch im kleinsten Rahmen: Wenige Tage vor einer Wahl weihte der Bürgermeister von Santa Margalida feierlich die neue Stadtbibliothek ein. Am Tag nach der Wahl wurde sie bis auf Weiteres geschlossen. Auch hier ist die Finanzierung unklar, so unklar, wie die Antwort auf die Frage, warum Politiker derlei Heilsversprechen überhaupt abgeben, denen ihre Schäflein doch eh nicht trauen. Die Antwort könnte sein: Auch sie glauben nicht daran, aber sie fürchten die Versprechen der anderen Seite.

Natürlich war der Weg von der zentralistischen Franco-Diktatur in einen demokratischen Bundesstaat beschwerlich. Gerade nach solchen Systemwechseln kann es lange dauern, bis sich Bürger und Parteien organisieren und finden. Dabei hatte sich die zarte Pflanze Demokratie auf der Insel anfangs recht gut entwickelt.

Prägender Regierungschef der ersten Nach-Franco-Periode mit einer Amtszeit von zwölf Jahren (1983 bis 1995) war der Konservative Gabriel Canellas (PP). Der Erbauer des Tunnels zwischen Palma und Sóller musste dann aber etwas schmählich abtreten, nachdem er und seine Partei in Sachen Tunnelbau vor Gericht offen der Bestechlichkeit verdächtigt worden waren und diesen Vorwurf der Korruption letztlich nicht ausräumen konnten.

In die politische Bedeutungslücke hüpfte sogleich die umtriebige Multi-Funktionärin Maria Antonia Munar. Die Anwältin, Bürgermeisterin des kleinen, aber schönen Fleckens Costitx, wurde immer mächtiger – UM-Abgeordnete im balearischen Parlament, dann Vorsitzende dieser Partei, Vizepräsidentin des Liberalen Weltkongresses und (bis 2007) Präsidentin des Inselrats. Außerdem war und ist die Fleißige die Gattin des Unternehmers Munar, dem die größte (Straßen-)Baufirma der Insel gehört. Wer nun sogleich Böses denkt, der denkt vorschnell und fällt womöglich ein Vorab-Urteil, das sich mit jenem Urteil nicht verträgt, das vielleicht im Jahre 2022 vom Obersten Gerichtshof gesprochen werden könnte. Denn die Justiz auf der Insel ist chronisch überlastet.

Es war aber so: Das erste farbenfrohe Mehrparteien-Bündnis nach der Herrschaft der Volkspartei wurde 1999 zwischen den Sozialdemokraten (PSOE) unter Francesc Antich, Munars UM und einigen hartnäckigen Naturschützern geschlossen. Sie hatten alle das Ziel, die PP-Kollegen von den Fleischtöpfen zu verdrängen, eine politische Idee hatten sie aber nicht. In diesen wirren Jahren wurden die Eisenbahngleise (einspurig und daher nur bedingt brauchbar) nach Manacor verlängert, zugleich aber Hotelierverband, Fremdenverkehrsindustrie und selbst manch harmloser Tourist mit dem Einfall einer Ökosteuer erschreckt, die ohne propagandistische oder gar rationale Vorbereitung (nur) jeden Besucher treffen sollte, der ein Hotelbett bezog.

Nach zwei Jahren erbitterter Diskussion, in die auch *Bild* mit einem Appell an den nachweislich unzuständigen König (»Majestät, stoppen Sie diesen Unsinn!«) ungewöhnlich heftig eingriff, wurde die Steuer tatsächlich gestoppt, die Regierung abgewählt und die eben eröffnete Bahnstrecke wieder gesperrt. Der Eindruck, die Regierung habe mit dieser unausgereiften Steuer – 1 Euro pro Nacht – den Touristenstrom abbremsen wollen, war zwar falsch, aber die Delle in der Statistik war nicht zu übersehen.

Die Nachfolgeregierung – nun war wieder die konservative PP am Zug, natürlich zusammen mit Munars UM – nahm als eine der ersten Amtshandlungen jenes Geld in die Hand, das die ungeliebte Ökosteuer bis dahin eingebracht hatte, und verhinderte mit der Inanspruchnahme eines Vorkaufsrechts, dass die Hamburger Modekönigin Jil Sander das seit Jahren verfallende Gut Raixa, samt zugehöriger Gartenanlage im italienischen Stil, für mehr als acht Millionen Euro kaufen konnte. Nun gehören Gut und Garten zwar dem Staat, sind aber für die nächsten Jahre wegen Renovierung geschlossen.

Weil der konservativen Regierung und auch dem Inselrat der Frau Munar das viele Geld fürs viele Straßenbauen fehlte, schoss Herrn Munars Firma die nötigen Mittel vor.

Jetzt zahlt die Regierung für jedes Auto, das die neuen Straßen nutzt, automatisch eine Maut. Je mehr Wagen die Insel durchqueren, desto besser für die Geschäftsidee von Munar + Munar und desto üppiger das Bakschisch für den Gatten.

Aber, ach! Auch Ministerpräsident Jaume Matas, der einst schon als Nachfolger von Canellas scheiterte, durfte nicht bleiben. Auch er wurde beim nächsten Mal von den neuerdings ungeduldigen Mallorquinern abgewählt. Er verschwand auf seltsam abrupte Weise – als herrschten Nacht und Nebel – aus seinem Amtszimmer (mit der Vitrine), aus der Politik und aus seiner Partei; er hatte wohl karrierehalber umdisponiert und tauchte erst nach einer Zeit des Englischstudiums in Washington wieder auf. Kleines Bakschisch der Barceló-Hotelkette: Er ist nun deren Repräsentant in den USA, also Chefdiplomat auch für das Oberbayern oder den Bierkönig in Arenal – so schließen sich manchmal die Kreise.

Damit war der Weg frei für eine neue Regierung des bis dahin unglücklichen, aber immer freundlichen Premiers Antich. Er begann die Amtszeit mit einer markigen Untersuchung aller Entscheidungen seines Vorgängers. So fiel zum Beispiel auf, dass ein schlecht bezahlter Funktionär der UM trotz kargen Gehalts plötzlich Eigentümer zweier Wohnungen und eines edlen Geländewagens geworden war. Immer wieder hatte er sich für die Umwidmung einiger Äcker direkt neben dem Flughafen in höchst profitables Bauland interessiert.

Schon vorher hatte ein forscher, sogar ortskundiger und mit Korruptionsvorwürfen betrauter Staatsanwalt bemerkt, dass die Gemeinde Montuïri inselweit über die meisten kommunalen Dienstwagen verfügte. Das Seltsame: Das Dorf, einst auf einer Hügelkuppe erbaut, hat außer zahllosen Treppen und winkligen Gassen pro Richtung lediglich eine einzige karrenbreite Ortsstraße, in der jedes Dienstauto als Verkehrshindernis sogleich auffallen würde.

Im Lauf der Ermittlungen stellte sich heraus, dass die Wagenflotte nur falsch verbucht war: Es waren keine Dienstwagen der Gemeindeverwaltung, sondern Mietwagen eines Verleih-Unternehmens, das den straßen- und parkplatzfreien Weiler wegen seiner besonders niedrigen Kraftfahrzeugsteuersätze als Standort für die Zulassung erwählt hatte.

Nach ihrer Wahlpleite überraschte die konservative PP mit dem revolutionären Vorschlag, das Wahlgesetz so zu ändern, dass in einem Zeitraum von acht Wochen vor der Wahl künftig keine Einweihungen und Grundsteinlegungen mehr vorgenommen werden dürfen. Aber die Wahlsieger haben schon wieder eine Eröffnung im Blick: Die Regierung plant den Neubau einer Straßenbahn von

Palmas Stadtzentrum am Flughafen vorbei bis an die Platja de Palma.

Ein Schelm, wer dabei Böses denkt. Aber selbst er muss hoffen, dass es mit dem Geschenk wenigstens diesmal klappt und die Straßenbahn nach Fertigstellung funktioniert.

Polit-Praktiker Moll über seine Bakschisch empfangenden Kollegen: »Meistens bleiben sie ungeschoren, und die missgünstige Klatscherei der Neidhammel kann ihnen nichts anhaben. Im Gegenteil: Sie können sich der heimlichen Bewunderung ihrer Landsleute sicher sein.«

Denn von Grischa Rezzori, dem großen Erzähler, haben wir schon etwas über die Gemeinsamkeit von Mallorca und Maghrebinien gelernt: Gelassenheit und Bakschisch haben etwas miteinander zu tun.

Die etwas anderen Ämter.

Verwaltung, Macht, Unsinn

Sollten Sie gerade zum Kurzurlaub im Fünfsternehotel oder auf einem Bauernhof nächtigen, eine Golfer- oder eine Radlerpauschale gebucht haben oder sich auf eine All-inclusive-Woche im Strandhotel freuen, dürfen Sie dies Kapitel getrost überblättern. Oder, besser noch: Lesen Sie's und freuen Sie sich, dass wenigstens Sie hier mit solchen skurrilen Problemen nichts zu tun haben.

Alle anderen – die Finca-Besitzer, die Wohnungseigentümer, die Residenten und sogar manche Langzeiturlauber, die eine umständliche Überfahrt per Autofähre nicht gescheut haben, sehen sich früher oder später einer Hürde gegenüber, die manchem Grantler den Aufenthalt verleiden kann: Die umständliche Bürokratie scheint übermächtig. Dabei kann jeder mit genug Geduld und reichlich Geld zumindest den Versuch wagen, mit ihr umzugehen.

Zwar bestimmt der EU-Vertrag, dass jeder Bürger der EU sich niederlassen und leben darf, wo er möchte, doch das gilt so direkt nicht für Spanien und schon gar nicht für die Balearen, deren Ureinwohner zwar ungemein gastfreundlich sind, die Betonung dabei aber auf die erste Silbe legen: Gäste sind überall willkommen; Konkurrenten am Wohnungs-, Miet- und vor allem Arbeitsmarkt sind es nicht.

Sollten Sie also planen, sich auf Mallorca häuslich einzurichten, begeben Sie sich zunächst zu einer privat organisierten *gestoria*. In der Türkei heißen diese Leute, weil sie (lesen und) schreiben können, Schreiber. Hier nennt man sie, wie im alten Rom, Quästoren, weil sie die Schleichwege der Verwaltung kennen.

Die Leute in der *gestoria* – meist ist ein Deutscher dabei, der in der Muttersprache genau erklären kann, warum etwas nicht geht oder jedenfalls nicht in absehbarer Zeit – werden zunächst fragen, ob Sie für immer auf der Insel bleiben wollen (schlecht!), ob Sie eine Krankenversicherung brauchen (schlechter!), ob Sie Ihr Auto mitgebracht haben (ganz schlecht!), ob Sie eine Arbeit suchen (fast unmöglich) oder ob Sie, bei Kindern, Eltern oder Freunden, noch eine Adresse in Deutschland behalten haben (sehr gut).

Bis zum Jahr 2007 beantragte die *gestoria* dann für Sie eine *residencia*, eine Aufenthaltsgenehmigung, sowie eine Ausländer- (NIE) und eine Steuernummer (NIF); Sie brauchen diese Nummern beispielsweise, wenn Sie ein Bankkonto eröffnen oder ein Handy fürs spanische Netz anmelden wollen.

In jenem Jahr erst, nach gut zwanzigjähriger Zugehörigkeit zur EU, bemerkte Spaniens Regierung, dass die geforderte Aufenthaltsgenehmigung schon dem Namen nach illegal, weil vertragswidrig war, und ersetzte den Behördenakt per Dekret 240 durch eine Registrierungspflicht bei der Ausländerbehörde der Nationalpolizei in Palma. Mancher Ausländer, der sich brav dort in der Calle Ciudad de Querétaro s/n – natürlich nur vormittags geöffnet – anstellte, soll erst nach Tagen entkräftet in der schattenlosen Umgebung wiedergefunden worden sein.

»*s/n*« ist übrigens eine ganz besondere mallorquinische Spezialität, eine Delikatesse sozusagen: Es bedeutet *sin numero*, also ein Haus ohne Nummer. Aber keine Bange: An der Länge der Warteschlange erkennen Sie leicht, wo genau die Registrierungsstelle ist.

Manch einer von denen, die sich gehorsam registrieren ließen, erhielt wenig später vom spanischen Finanzamt die Aufforderung, künftig dort – da nun in Spanien gemeldet – seine Steuern zu begleichen. Anderen kündigte die Bank das sogenannte Ausländerkonto, weil der Kontoinhaber nun ja Inländer sei. Die Bürokraten verwechselten die Fristen: Wer sich länger als drei Monate (am Stück) auf der Insel aufhält, ist (angeblich) registrierungspflichtig. Wer länger als sechs Monate auf Mallorca weilt, *kann* – nicht: muss – seine Einkünfte in Spanien versteuern, vorausgesetzt, er hat sie auch dort und nicht etwa in Deutschland erzielt. Die Verwaltung übt noch ein wenig.

Denn auch die Meldung bei der Ausländerbehörde ist an sich illegal oder jedenfalls überflüssig, sofern man sich und seine Wohnung zuvor gesetzestreu im Rathaus seiner neuen Heimatgemeinde angemeldet hat. Dieser Beamte könnte sein Wissen beispielsweise durch einen Klick am Computer jenem anderen Beamten mailen – aber so etwas wäre ja viel zu einfach.

Stattdessen sind Sie aufgefordert, eine örtliche spanische Meldebescheinigung, Ihren Ausweis samt Kopie und einen ausgefüllten Antrag auf Eintrag ins Register mitzubringen. Den Antrag gibt's, man staune, im Internet: extranjeros.mtas.es. Nicht im Internet, sondern nur bei der Nationalpolizei gibt es den nötigen Vordruck *modelo 790*, mit dem Sie die nötige Gebühr für den Eintrag (6,70 Euro) bei einer Bank einzahlen können, die sich hierzu aber nur dienstags und donnerstags vor 10.30 Uhr bereitfinden mag.

Die praktische Vorgehensweise noch mal langsam: Sie machen eine Kopie von Ihrem Ausweis; das kann nie schaden. Sie laden den Antrag herunter und füllen ihn aus. Sie begeben sich an einem Dienstag oder Donnerstag am besten vor dem Frühstück zur zuständigen Nationalpolizei in jenen Stadtteil von Palma, den Sie sonst nie zu sehen bekämen, holen dort den Vordruck 790, zahlen bei einer Bankfiliale in der Nähe das abgezählte Kleingeld ein und gehen zurück, nein, nicht auf Los, sondern zur Nationalpolizei, um Antrag und Vordruck loszuwerden.

Oder Sie halten das Ganze für Irrsinn und verzichten auf etwas, das Sie als Schikane werten mögen. Dann passiert nichts; Sie werden nicht mit Strafe oder Sanktionen bedroht. Wenn Sie sich trotzdem brav anmelden – weil sie auf der Insel arbeiten oder ein Gewerbe ausüben wollen –, passiert allerdings auch nichts.

Aber nehmen wir an, Sie hätten mit meiner oder der Hilfe der *gestoria* diesen Akt der Meldung bis dahin geschafft (bitte beachten: Für die Vorsprache beim Registrierungsamt ist *persönliches* Erscheinen zwingend vorgeschrieben) – mit dem Ummelden Ihres Autos auf ein spanisches Kennzeichen beginnt erst die Hohe Schule des Ämterwesens. Die *gestoria* hilft auch dabei: Sie beschafft einen Termin bei einem vereidigten Kfz-Sachverständigen, der – wenn es so weit ist – Ihr Auto gewissenhaft mit einem Maßband vermisst. Zwar bedeuten die EU-Übereinstimmungskriterien – wie schon deren Name sagt – das Gegenteil, aber schließlich hat man das hier schon immer so gemacht!

Zur Belohnung gibt es nun provisorische grüne Nummernschilder, die in dauerhafte weiß-schwarze umgewandelt werden, wenn Sie Ihr Fahrzeug nach Aufforderung beim ITV, dem spanischen TÜV, vorgeführt und vor allem die happige Zulassungssteuer bezahlt haben, die sich früher nach dem Hubraum Ihres Gefährts berechnete, seit 2008 aber den CO_2-Ausstoß zum Maßstab erhebt. Übrigens nähert sich auch der ITV-Experte Ihrem Wagen als Erstes mit einem Maßband – sicher ist sicher. Womöglich ist der Kleine inzwischen gewachsen?

Sollten Sie jemals vor der Verlegenheit stehen, ein solchermaßen angemeldetes Fahrzeug, wegen Alters und Hinfälligkeit beispielsweise, selbst aus dem Verkehr ziehen oder gar verkaufen zu wollen – vergessen Sie's! Auf Mallorca existiert praktisch kein Markt für Gebrauchtwagen (außer zuweilen sonntagsfrüh auf dem Parkplatz des Einkaufscenters Marratxí). Es ist bei Strafe verboten, den Wagen mit einem *Se-vende*-Schild am öffentlichen Straßenrand zu parken, auch wenn solche Geschäftsanbahnungsversuche immer wieder zu sehen sind.

Beste, allerdings teuerste Möglichkeit: Kaufen Sie an Ort und Stelle einen Neuwagen und überlassen Sie dem Händler Ihren Alten – er wird Ihnen den von der Regierung (für mehr als zwölfjährige Altautos) garantierten und subventionierten Höchst=Mindestpreis von 480 Euro zahlen.

Aber nur, wenn Sie beweisen können, dass Sie brav Ihre kommunale Kfz-Steuer sowie alle *multas* (Verwarnungsgelder) gezahlt haben, die in den letzten Jahren angefallen sein sollten.

Hier zeigt sich ein grundlegender Unterschied zwischen spanischer und deutscher Bürokratie: Zu Hause ist die Verwaltung dafür zuständig, Ihnen einen Fehler oder gar eine Schuld anzuhängen; in Mallorca ist es umgekehrt – Sie sind beweispflichtig. Beweisen Sie mal Ihre Unschuld!

Das kann ganz einfach sein. Als ich einst ein lieb, aber alt gewordenes Vehikel dem Neuwagenhändler anvertrauen wollte, kam heraus: Das Auto gab es gar nicht! Es war nach der Umschreibung ins spanische Autoregister einfach verschwunden, aus dem Computer geplumpst; und es konnte mithin, da nicht existent, auch nicht abgemeldet werden. Erst ein Gemeindebeamter in einer gar nicht zuständigen Kommune wusste Rat: Er ließ sich die für ein Jahr fällige Kfz-Steuer aushändigen, verfertigte darüber eine Quittung und verhalf dem Wagen damit zu jenem Existenznachweis, der für seine künftige Nichtexistenz, also die Verschrottung, unbedingt nötig schien.

Sollte Ihnen diese ganze Prozedur zu lächerlich oder zu mühsam sein und Ihr Herz an den alten deutschen Schildern hängen – dann sind Nerven und Geschicklichkeit vonnöten, sofern Ihr daheim zugelassener Wagen schon länger als drei Monate die Inselstraßen befährt. Klar sparen Sie so die spanische Zulassungssteuer – jeder Polizist wittert in Ihnen aber einen potenziellen Steuerhinterzieher, und es gibt mit der Lokal-, der Nationalpolizei und der *guardia civil* gleich drei derartige, personell gut ausgestattete Unternehmen.

Diesen Kontrolleuren und auch, viertens dem Zoll sollten Sie nachweisen können, dass Sie Ihren Hauptwohnsitz weiter in Deutschland haben – und dazu, sagt die Vorschrift, »reicht« ein aktueller Beweis, dass das Fahrzeug dort oder in einem anderen Land steuerpflichtig ist. Lassen Sie es besser nicht auf einen solchen Nachweis ankommen: Womöglich muss eine derartige heimische Kraftfahrzeugsteuerquittung von der Botschaft oder einem Konsulat in Form einer diplomatischen »Apostille« beglaubigt sein. Denn die Wege der Bürokratie sind selbst beim EU-Mitglied Spanien unerforschlich.

Keinesfalls sollten Sie sich erwischen lassen, wenn Ihr Auto länger als drei Monate mit den alten Schildern, aber ohne eine tagesfrische Quittung der Autofähre herumrollt – und fahren Sie lieber nicht mit einem derartigen Gefährt Ihre Kinder in die internationale Schule oder ins Parkhaus am Flughafen: Dort lauern die scharfäugigen Hüter des Gesetzes, wenn sie gerade nichts Besseres zu tun haben, und legen Ihr Auto unerbittlich still.

Ähnlich aggressiv wird die Verwaltung und ihr Fahndungsaufwand, wenn Sie längere Zeit der irrigen Meinung anhängen sollten, Ihre Wohnung oder Ihr Anwesen könne in der von Ihnen nicht genutzten Zeit doch gewinnbringend an Besucher oder andere Interessenten vermietet werden; und als zunächst anonyme Reservierungs- oder Anschriftentauschbörse nutzen Sie womöglich die eigene Homepage im Internet. Das, liebe Leser, tun Sie nur ein Mal; denn bevor Sie es zum zweiten Mal annoncieren, hat schon die balearische Steuerfahndung zugeschlagen: Sie werden dann anfangs noch höflich gebeten, Ihre bisherigen Einkünfte aus Vermietung oder Verpachtung anzugeben. Diese Summe wird danach vom Fiskus mit etwa dem Faktor zehn multipliziert und Ihnen als Strafe wegen der Hinterziehung von Einkommen-, Gewerbe- und Umsatzsteuer aufgebrummt.

Sollten Sie deshalb, aus Angst oder zur Sicherheit, Ihre Immobilie rechtlich einwandfrei verchartern wollen, beginnen erst die eigentlichen Probleme: Ist das Haus / die

Wohnung behindertengerecht? Gibt es Parkplätze/Stellflächen? Ist Hauspersonal im Einsatz? Haben diese Leute eine Arbeitserlaubnis? Wer zahlt ihre Einkommensteuer, ihre Sozialversicherung? Sollten Sie das sein – wissen Sie, dass Ihr Personal nach getaner Arbeit nur schwer oder nur gegen Zahlung weiterer Gehälter kündbar ist? Entspricht Ihr Mietobjekt den bautechnischen, medizinischen, hygienischen Vorschriften? Ist das Objekt überhaupt genehmigt? Ist der Pool gegen Unfälle gesichert? Sind genug Feuerlöscher installiert? Ist deren Wirkung geprüft?

Sollten Sie diese und weitere Fragen nur ausweichend oder gar mit Nein beantworten können, vergessen Sie Ihren Plan, auf vermeintlich lockere Weise Ihr Einkommen zu mehren oder auch nur Ihre Kosten zu vermindern. Es klappt nicht, jedenfalls nicht auf legale Weise; und illegales Vorgehen hinterlässt Spuren, die den Steuerfahndern schnell auffallen.

In höchster Vollendung waltet die Bürokratie aber erst dann, wenn Sie ein Haus kaufen, bauen oder (etwa eine Ruine) umbauen wollen. Dann erst erfahren Sie von Ämtern, die es nach allgemeiner mallorquinischer Ansicht längst nicht mehr gibt, weil sie in entlegenen Kleinstädtchen ein äußerst verborgenes Dasein führen. Und Sie können leicht – wie Boris Becker – Opfer eines albernen Kompetenzgerangels zwischen Behörden mit unterschiedlicher Machtfülle und gegensätzlichen, sogar parteipolitischen Interessen werden: Es streiten mit Leidenschaft die zuständige Kommune und deren Bauamt gegen den Inselrat sowie die Balearen-Regierung und deren jeweilige Baudezernenten. Jeder will gewinnen. Nur der Bauherr bleibt zuweilen auf der Strecke.

Beispiel Ses Covetes: An einem der schönsten Strände der Insel, dem 7 Kilometer langen Naturstrand *Es Trenc*, wurde in der sogenannten »Ersten Linie«, also direkt am Ufer, 1994, gestützt auf eine Baugenehmigung von 1992, mit dem Bau von 68 Einfamilienhäusern begonnen. Ein Jahr später erstritten Umweltschützer das erste von nunmehr 15 Urteilen, wonach der Bau illegal sei. Seitdem gammeln die Rohbauten vor sich hin; gegen jede Abrissverfügung legte bisher entweder die zuständige Gemeine Campos oder die Balearen-Regierung – wenn sie denn gerade in Händen der konservativen Volkspartei PP war – Widerspruch ein, weil die Häuser ja genehmigt worden seien. 2007 kam das 15. Urteil zum eigentlich logischen Schluss, genau diese Genehmigung sei unrechtmäßig gewesen, weil das Gelände kein Bauland und obendrein dem Küstenschutz unterworfen sei. Mallorcas Verwaltung mitsamt der Verwalter übt eben noch.

Beispiel Llucalcari: 1987 wurden in einem Landschaftsschutzgebiet in der Nähe von Deià vier komfortable Anwesen errichtet; der oberste Gerichtshof Spaniens entschied 18 Jahre später, die Villen seien, da illegal gebaut, zu beseitigen. Nun weigert sich der Bürgermeister der zuständigen Gemeinde, dem höchstinstanzlichen Urteil zu folgen und den Abriss vorzufinanzieren, bis feststeht, wer dafür aufzukommen hat. Mächtige Bürgermeister. Auch er übt.

Beispiel Son Coll: 1997 kaufte Tennisstar Boris Becker die von ihm so genannte Finca in der Nachbarschaft seines Freundes Carl-Uwe Steeb an der alten Landstraße zwischen Artà und Sant Lorenç – acht zusammenhängende Grundstücke, auf denen in der Folgezeit ein Anwesen mit 987,7 Quadratmetern Wohnfläche entstand. Erlaubt war die Hälfte, weil die Verwaltung sich plötzlich weigerte, die acht kleineren Katasterflächen in ein einzelnes großes Grundstück umzuschreiben, auf dem eine

Villa dieser Größe durchaus hätte gebaut werden dürfen. So muss die Hälfte des umbauten Raums wieder abgerissen werden. Boris hatte das Pech, zu prominent zu sein – und seine Berater und Architekten das Pech, vorher nicht die richtigen Gesprächspartner gefunden zu haben.

Schnell werden Bauanträge nur beschieden, wenn die Verwaltungsorgane unter sich bleiben. So genehmigte sich die Gemeinde Inca den Bau einer Markthalle, die 2 Meter in die angrenzende Straße ragt. Offenbar fehlt in Inca das rechte Maßband.

Verglichen mit den Fällen, in denen Bürokraten sich gegenseitig ein Bein stellen und damit – da sie meist von Haftung frei sind – einen völlig unbeteiligten Dritten lähmen, hatten wir es fast einfach.

Unser Grundstück mitten in den Obst- und Gemüsefeldern der Es Pla war gekauft. Der Notar gratulierte. Fast im Zentrum des einige Hektar großen Geländes stand die Ruine eines steinalten Bauernhauses, das nun wieder hergerichtet werden sollte: *Reforma* lautete das Zauberwort – Umbau, kein Neubau und mithin bürokratisch leichter zu bewerkstelligen in dem kaum durchschaubaren Wust von Bauvorschriften, die auch noch ständig wechseln. Sie richten sich beispielsweise nach der Größe des Grundstücks, der Lage (innerorts? auf dem *campo*?), der Beschaffenheit des Bodens (Ackerland? Brachland? für welche Feldfrüchte geeignet?). Sogar die Stärke der vorhandenen Mauern der Ruine ist wichtig: In Spanien gilt jede Quadratmeterangabe für bebaute Flächen brutto, es zählt also das Außenmaß; in Deutschland hingegen gilt die nutzbare Wohnfläche, also netto. Bei einem verfallenen Bauwerk aus dem 18. Jahrhundert, dessen Mauerstärke im Erdgeschoss zwischen 80 und 100 Zentimetern liegt, kommt da einiges zusammen.

Rodolfo, der von uns beauftragte Architekt aus Palma, ging zur Sprechstunde des zuständigen Stadtarchitekten ins Bauamt der zuständigen Gemeinde.

Dieser junge Mann, der kein Kommunalbeamter war, sondern vom mallorquinischen Architektenkollegium zeitweise ins Städtchen abgeordnet, schüttelte den Kopf: Der Urzustand des Hauses dürfe wiederhergestellt werden, sonst aber nichts – kein Raum für die komplizierte Solartechnik, kein Gästehaus, kein Pool, kein Lagerschuppen für die landwirtschaftlichen Geräte, keine Garage für den Trecker.

Das intensive Studium der Vorschriften erbrachte nach einigen Monaten ein völlig anderes Resultat. Als wir den Stadtarchitekten damit konfrontierten, beharrte er auf seiner Ansicht, ein Bauernhaus sei eben ein Bauernhaus, sonst nichts. Dann schrieb er ein paar Zahlen auf einen abgerissenen Notizzettel und verabschiedete sich – *mucho trabajo*, die viele Arbeit…

Der Zettel erwies sich nach dem ersten Schock als ein, wie Diplomaten sagen würden, *nonpaper* ohne Briefkopf oder Unterschrift. Die Zahlen konnten, da sie mit 971 begannen, eine Telefonnummer sein. Und tatsächlich: Der Anschluss gehörte Juan, einem mit dem Bauamt offensichtlich befreundeten privaten Architekten, der sich sogleich freundlichst bereitfand, unser Projekt durchzuziehen; er sehe da keinerlei Probleme. Juan erhielt sofort alle nötigen Genehmigungen vom Amt, der Umbau der Ruine zum Wohnhaus ging fast problemlos in Rekordzeit – elf Monate – vonstatten. Rodolfo aber, der so schnöde ausgebootete Architekt aus Palma, wurde zwei Jahre später mit dem Europäischen Denkmalschutzpreis ausgezeichnet für seine liebevolle Rekonstruktion einiger mittelalterlicher Stadtpalais in Palma.

Aber selbst wenn im Umgang mit Bauplänen und Behörden alles ganz locker läuft, können Probleme folgen, die unüberwindbar scheinen: Die eigentliche Macht auf Mallorca haben die früheren Staatsmonopolunternehmen Gesa – für Strom – und Telefonica. Die Gesa fühlt sich nämlich, obwohl »Stromversorger«, nicht verpflichtet, möglichst viele Grundstücke mit Strom zu versorgen. Wer etwa eine stromlose Ruine gekauft hat, soll nach Meinung der Firma selber alle Anrainer um Genehmigungen bitten, Strom durch ihr Anwesen hindurchzuleiten – für alle Nachbarn Aussicht auf ein gutes Geschäft: Sie lassen sich für den Bau eines Mastes auf ihrem Gelände so viel Schmiergeld zahlen, dass der Kauf und Einbau von Solarzellen oder Stromgenerator günstiger kommen kann.

Aber Vorsicht: Wer später dann doch noch auf den öffentlichen Versorger umsteigen will, muss sich zunächst Pläne und Verlegung des gesamten Leitungsnetzes im eigenen Haus genehmigen lassen – von der Gesa; die offizielle Bauabnahme durch die Gemeinde ist der Firma schnurz, und Konkurrenten hat sie noch nicht.

Wohl deshalb bricht in etwa monatlichen Abständen das so wehrhaft verteidigte Stromnetz inselweit oder in Teilen zusammen: Mal ist es zu kalt, dann heizen Mallorquiner mangels anderer Möglichkeiten mit Strom, mal ist es zu heiß, dann laufen zu viele Klimaanlagen. Oder Wind, Wetter und Regengüsse haben die teuren Überlandleitungen und Masten zum Einsturz gebracht; denn Erdkabel zu verwenden lehnt die seltsame Firma aus Prinzip ab. Sie liegt im Rechtsstreit mit den Gemeinden Artà und Capdepera, weil die etwas gegen durchhängende Stromleitungen in ihren Stadtstraßen haben. Bis die Sache entschieden ist, vergibt der Monopolist in beiden Dörfern überhaupt keine neuen Anschlüsse. Und deshalb war für einen der Sänger der Bläck Fööss, Kafi Biermann, der sein Haus in Capdepera anschließen wollte, was den Strom betraf, jahrelang *tote Hose*.

Viele Bauherren lassen sich für die Zeit der Bauarbeiten etwa vom Nachbarn Baustrom abzweigen. Dann ist äußerste Vorsicht geboten: Womöglich zieht der Nachbar die Erlaubnis zurück, oder der Bauunternehmer geht pleite. Oder die *Gesa* verweigert später den Anschluss, weil noch kein *final d'obra* vorliegt, keine Endabnahme. Eine Endabnahme gibt es aber nur, wenn die *Gesa* zugestimmt hat. So beißt sich die Katze in den Schwanz und die Bürokratie in die Akten. Wenn der Bauherr nun nämlich ganz pragmatisch oder trotzig auf die Endabnahme verzichtet, kann er sein Haus später nicht oder nur unter der Hand verkaufen. Ihm fehlt ja die Bescheinigung. Allerdings hat er bis zum Verkauf möglicherweise viele Steuern gespart, weil die fehlende Schlussabnahme die kommunalen und regionalen Behörden fälschlich zur Vermutung verleitete, es gebe gar keinen Neubau.

Nach einer jüngsten Statistik der Inselbehörden – die freilich auch nur eine Schätzung sein kann – gibt es auf Mallorca 40000 schwarz errichtete Wohnungen, deren Existenz und Genehmigung an den Akten und den Behörden vorbeigeht. Rechnet man pro Wohnung durchschnittlich vier Bewohner, kommt man zu dem Ergebnis, dass ein Fünftel der Insulaner in nicht genehmigten, auch steuerlich nicht erfassten Unterkünften haust. Wer dafür die Verantwortung trägt, sagt die geschätzte Statistik nicht. Der Mieter? Der Bauherr? Die Bürokratie?

Ein Schwarzbau auf dem Lande braucht ein Grundstück, Zeit und Geduld; ein echter Mallorquiner hat davon reichlich. Auf der von ihm gewählten Parzelle errichtet er eine *casita*, ein Häuschen von höchstens 30 Quadratmetern Grundfläche, dazu braucht er keine Erlaubnis. Im Jahr darauf wird die *casita* durch eine Außenterrasse ergänzt, ein Jahr später die Terrasse überdacht. Im vierten Jahr werden die drei offenen Seiten der einstigen Terrasse zugemauert. Ein zweites Zimmer ist entstanden. Nun und in den folgenden Jahren geht es an den Bau einer Garage und einer neuen Terrasse. Und so weiter. Ein fröhliches Spiel.

Um dem abzuhelfen, wird neuerdings in regelmäßigen Abständen ein Flugzeug zu Luftaufnahmen der gesamten Insel gechartert. Ein Vergleich älterer und neuer Fotos kann nun Illegalitäten aufdecken – vorausgesetzt, es gibt einen Hinweis darauf oder sogar einen Kläger.

Insulaner ohne Schwarzbau müssen Steuern zahlen, jedenfalls theoretisch. Die Höhe der Grundsteuer errechnet sich nach der Wohn- und Nutzfläche; diese Steuer steht der zuständigen Kommune zu, die dafür einen Hebesatz beschließt. Die Gemeinde ist aber nicht befugt, den genauen Steuerbetrag auszurechnen; dafür ist ein Amt in Palma zuständig. Dieses Amt braucht Jahre – in meinem Fall waren es acht –, um anhand der Baupläne seine Rechenaufgabe in Form einer sogenannten *plana alta* zu erfüllen. Die Pflicht zur Abgabe kommunaler Steuern verjährt nach drei, nach fünf Jahren oder gar nicht, wenn die Schuld dafür nicht beim Steuerpflichtigen liegt. Natürlich galt in meinem Fall, trotz achtjähriger Wartezeit, keine Verjährungsfrist – aber immerhin! Der Bescheid liegt tatsächlich vor!

Im Kampf um den Steuerbescheid meldete sich ein befreundetes Paar alle paar Monate wieder im Rathaus unserer Nachbargemeinde. Die Beamten mussten passen.

Dann wurde die *gestoria* eingeschaltet – nichts. Nun beauftragten die beiden einen Anwalt, der nach längerem Tauziehen die Gemeinde mit der schärfstmöglichen Waffe zu bedrohen begann – mit einer Klage auf Tätigwerden. Und siehe: Auf einmal, Jahre waren verstrichen, kam der Bescheid – die Grundsteuer beträgt 0 Euro, Siegel, Unterschrift. Der Anwalt aber kostete.

In unserem Fall lief es so: Eine Behörde des Landkreises benachrichtigte die *gestoria* per Brief und diese den Steuerzahler per Fax, dass er bei einem Zahlbüro in der nächstgelegenen Großstadt seine Steuern entrichten möge – nun nach acht Jahren aber ganz schnell, binnen zwei Wochen, nur vormittags natürlich und vor allem *en effectivo*, also in bar. Wer aber nun erstaunt gegenfragen sollte, warum im Zeitalter globaler Geldströme und weltweiter Kreditmärkte nur eine Zahlung in barer Münze möglich ist, der hat Mallorca und seine Liebe zur Tradition nicht verstanden. Zur Zeit der *reconquista* gab es ja auch keine Banken. Die Neuzeit wird noch ein bisschen geübt.

Sogar – manchmal – mit Erfolg. Denn wer die Kasse in einer winzigen Sackgasse der nächsten Großstadt endlich und ein Mal gefunden hat, der darf zur Belohnung das nächste Mal abbuchen lassen, nachdem der Schalterbeamte sich nun von der Richtigkeit aller Angaben des Zahlungspflichtigen überzeugt hat.

Seitdem haben wir auch die Pflicht zur Zahlung der kommunalen Müllgebühren, *basura*, erfüllt. Diese Summe wird für den Zeitraum eines Jahres nachträglich erhoben – aber da es ohnehin keine Müllabfuhr gibt, mitten auf dem Lande auch niemals geben wird, fällt der Betrag praktischerweise auch nicht ins Gewicht. Hauptsache, es wird gezahlt.

Die Telefonica geht mit ihren Schikanen noch subtiler vor. 1998 stellte ich einen Antrag auf Anschluss an das allgemeine Telefonnetz. Fünf Jahre später erneuerte ich mein Begehr zusammen mit sechs Nachbarn aus unserem bis dahin kabellosen, friedlichen Tal – wir dachten, die Menge bringt's. Beide Male geschah nichts – *nada*. 2007 kam zufällig ein Techniker vorbei und versprach eine Prüfung, für die er wegen der Zahl der erforderlichen Masten und der Namen der betroffenen Grundeigentümer Einblick ins Kataster benötige; erst einmal sollten wir doch schon die Apparate bestellen. Die kamen nach einer Woche, der Techniker aber kam nie wieder. Deshalb telefonieren, faxen, surfen wir seit 1998 wider Willen kabellos; geht auch, vor allem ohne Ärger.

Bürokratie, Verwaltung und erst recht Dienstleister, die sich ihre Tätigkeit bezahlen lassen, sind für den Bürger da – nicht umgekehrt. Daran, dass dieser schön klingende Merksatz Realität wird, arbeitet man in Deutschland seit einigen Dutzend Jahren, mit zunehmendem Erfolg. Der EU-Bruder Spanien ist noch nicht ganz so weit. Auf Mallorca werden Bürgernähe, Staatsferne, Traditionsbruch noch geübt.

Wer einsam im Gebirge, an malerischen Meeresbuchten oder mitten auf dem *campo* wohnt, also dort, wo die Straßen keine Namen und die Häuser keine Nummern haben, hat vielleicht einen Stromanschluss, vielleicht einen Brunnen (die uralten Laster mit der Aufschrift *agua potable* kommen aber gern), vielleicht sogar ein Telefonkabel – Post oder ein Briefträger aber werden niemals in die Nähe einer solchen Finca gelangen. Briefpost wird nämlich nur innerhalb eines streng umgrenzten Gemeindegebiets zugestellt. Sollten Sie außerhalb wohnen, brauchen Sie ein *buzon*, ein Postfach, im nächstgelegenen

Postamt. Dort kommen Sie bei der Anmeldung auf eine Warteliste und, wer weiß, vielleicht schon nach einigen Jahren in den Besitz eines solchen. Ohne *buzon* kreist ihre Post oder auch mal ein zugedachter Blumenstrauß orientierungslos über die Insel, bis sich (im Fall der Blumen) jemand ihrer erbarmt.

Da der Fortschritt unaufhaltsam ist, sollten Sie sich, wenn es mal eilig ist, statt eines Briefes ein Paket zustellen lassen – das wird schnell, spätestens nach einigen Tagen, ausgeliefert, vorausgesetzt, der Absender war schlau und hat Ihren Namen, die zuständige Gemeinde und Ihre Telefonnummer als Adresse aufgeschrieben. Weitere Voraussetzung: Sie sind vor Ort und nehmen den Telefonanruf des Paketdienstes entgegen. Auf diese Weise hat man mir riesige Buchsendungen aus Deutschland bis ins Haus gebracht.

Andererseits sagt die Erfahrung: Auf die meisten Briefe lässt sich leicht verzichten. Schon daheim sind es meistens Rechnungen, Reklameschreiben oder etwas zutiefst Überflüssiges vom Amt. Behörden gibt es überall.

Exekutive und Exekution.

Gewinner und Verlierer

Aus einem Reiseführer-Bändchen *Mallorca*:

> Exekution und Exekutive haben denselben Stamm. Sache der Exekutivorgane ist es, für Ordnung und Sitte zu sorgen und Volk und Land sicher zu behüten. Die spanische Exekutive ist mit einem Lackzweispitz behütet und heißt *guardia civil*. Es ist nicht purer Neid, wenn die *guardia civil* bei öffentlicher Knutscherei dazwischenfunkt oder Sonnenfreunden das Nacktbaden mit zehn Tagen Arrest und einer Geldstrafe verpatzt. Laut Gesetz müssen die Gendarmen das tun, wie sie auch gegen Pornografie, Menschenhandel, Alkoholismus, Homosexualität, Verführung Minderjähriger und unzureichende Kleidung außerhalb der Badereviere einschreiten müssen. Auch gegen die Einfuhr ›linker‹ Literatur hat sie von Amts wegen Erhebliches einzuwenden.

Mit solchen und ähnlichen Worten lässt sich jeder Unrechtstaat der Erde schönreden – schließlich hat jedes System eigene Gesetze, auch wenn sie manchen Menschenrechten Hohn sprechen mögen.

Doch weiter im mittelalterlich anmutenden Text; er gehörte zu den aktuellen Reiseunterlagen, die der TUI-Vorgänger Touropa mir 1973 zu meiner ersten Mallorca-Reise mit auf den Weg gab:

> Damen auf der Straße anzusprechen ist sittenwidrig und endet meist mit Knall in der Ohrengegend. Flirts sind nicht ungefährlich. Wer in Spanien ein- oder zweimal mit einem Mädchen gesehen wird, gilt schon als *novio*, als Verlobter, und von da ist der Weg zum Altar nicht mehr weit.

Viel hat sich geändert im Verlauf von nur einer Generation. Damals herrschte der »Generalissimus« Francisco Franco schon seit 27 Jahren über ein dumpf und rückständig erscheinendes Land, auch wenn die Reise- und Urbanisationswelle gerade begann. Damals brauchte jeder Tourist einen Pass und von Rechts wegen einen internationalen Führerschein, um überhaupt ein Auto – und sei es eines von der Winzigkeit eines Fiat/Seat 500 – mieten zu dürfen; sonst konnte er wegen Fahrens ohne gültige Erlaubnis belangt werden. Heute, im Zeitalter von Schengen, kommt er meist ohne Ausweiskontrolle ins Land und sogar wieder heraus; ein Personalausweis allerdings ist im Flughafen, bei der Autovermietung, an der Hotelrezeption dennoch empfehlenswert.

Nur in den jetzt sogar für Nacktbader zugelassenen Abschnitten des Naturstrands Es Trenc muss der Ausweis natürlich nicht mitgeführt werden. Allerdings greift die *guardia civil* wie vor vierzig Jahren ein, wenn Blitzbekanntschaften im Glücksgefühl des Augenblicks sogleich in aller Öffentlichkeit zum Äußersten schreiten und sich, etwa am Strand von Arenal, eine Liebeskuhle graben wollen. So etwas gilt wie eh und je als öffentliches Ärgernis.

In den letzten Jahrzehnten hat sich Spanien mit Riesenschritten an die Europäische Union herangearbeitet, an ihre Normen, Rechtsbegriffe, an die Lebensart ihrer Bürger, an ihren Mittelweg notwendiger Gemeinsamkeiten. Spanische Anwälte fühlen sich befugt, Menschenrechtsverletzungen überall auf der Welt anzuprangern und die Täter einer Verfolgung auszusetzen. Es gibt so etwas wie eine spezifisch spanische Liberalität oder Humanität, beides vor einer Generation noch undenkbar: Illegalen Einwanderern aus Afrika oder Lateinamerika wird in gemessenen Abständen ein Bleibe- und Arbeitsrecht eingeräumt; selbst manche Bootsflüchtlinge dürfen bleiben. Gegen die Terrordrohungen vorgestriger, unbelehrbarer Basken protestieren das ganze restliche Land und seine Bürger. Der stolze Spanier wandelt sich, *poc au poc*, zum stolzen Europäer. Das letzte, noch in der Demokratie amtierende Fossil aus der Franco-Zeit, sein Vertrauter und Informationsminister Manuel Fraga Iribarne, ist nach langen Jahren als Ministerpräsident Galiziens Anfang des Jahrhunderts gestorben – und mit ihm eine ganze politische Ausrichtung. Eine neue Zeit?

Sicherlich hat dem Land und der Insel geholfen, dass ihnen nach dem Ende der dunklen Franco-Zeit eine mühevolle Phase der Vergangenheitsbeschau oder -bewältigung erspart blieb. Alle, vom König bis zum Bürgersmann, waren vereint in einem »Pakt des Schweigens« und hatten damals nur das eine Ziel: nun nach vorne und möglichst wenig in schlimme, vergangene Zeiten zurückzuschauen, um möglichst wenige alte Wunden aufzureißen.

Man redete nicht öffentlich über die Franco-Ära, allenfalls ironisch-beschönigend im Vergleich zur Gegenwart, dass damals die Steuern nicht so hoch und der Fiskus nicht so streng gewesen seien — so wie es bei uns daheim oft hieß, »aber die Autobahnen« seien doch eine gute Sache gewesen.

Eine solche Art nationaler Einigkeit hält nicht ewig. In Deutschland war es die genauere Kenntnis von bis dahin unvorstellbaren Verbrechen, die eine Generation nach Kriegsende die Aufbauleistung verdunkelte. In Spanien und auf Mallorca sind es die Trauer um Angehörige, der Rechtfertigungsdrang manch alter Kämpen, das Aufbegehren der anderen, die allmählich für einen offenen, differenzierten Umgang mit der Vergangenheit werben und dazu beitragen.

Im 32. Jahr nach dem Ende des Franco-Regimes beschloss das spanische Parlament nach langen Debatten ein Gesetz zur Rehabilitierung der Opfer der Diktatur und des vorangegangenen Bürgerkrieges, in dem zwischen 1936 und 1939 etwa 600 000 Spanier ihr Leben verloren. Nun wird erstmals Francos 36-jährige Militärherrschaft offiziell verurteilt; frühere Unrechtsurteile gelten jetzt als illegitim und können auf Wunsch von Betroffenen revidiert werden. Betroffener etwa war der amtierende sozialistische Regierungschef José Luis Rodríguez Zapatero: Sein Großvater war im Bürgerkrieg von Nationalisten erschossen worden.

Doch das Gesetz dient nicht nur einer Art moralischen Wiedergutmachung; es hat ganz praktische Folgen: Alle Symbole und Denkmäler aus der Zeit der Diktatur sollen verschwinden, Straßen und Plätze, die daran erinnern, umbenannt werden.

Auch auf Mallorca, einst eine Hochburg der Franco-Anhänger, gibt es nun gut zu tun. Jahrzehntelang war der wichtigste Kreisel am Beginn des Industriegebiets Poligono Son Castelló in Palma, wo etwa BMW seinen zentralen Kundendienst betreibt, zu Ehren des *Caudillo* benannt – wohl deswegen, weil es einen Platz *Teniente Coronel Franco* schon früher gab. In Sa Pobla trug der Diktator, noch 32 Jahre nach seinem Tod, seinen letzten Titel in der *Calle General Franco*. Aber auch in manchen Kirchen steht eine Säuberung an: Mit dem Text »Zu Ehren der für Gott und Spanien Gefallenen« wird dort auf Tafeln nur jener Opfer gedacht, die im Bürgerkrieg für Franco starben. Die anderen, die Linken, die Roten, werden nicht erwähnt. Einige wurden damals sogar Opfer der Kirche und von Priestern, die mit den Putschisten gemeinsame Sache machten.

Im Februar 1936 hatte eine »Volksfront« aus Gewerkschaftern, Kommunisten, Sozialisten, Republikanern und Liberalen die spanischen Parlamentswahlen gewonnen. Gegen deren Sieg putschte eine »Nationale Front« unter Francos Führung aus Teilen der Armee, Großgrundbesitzern, der faschistischen Falange-Bewegung und des katholischen Klerus. Auf Mallorca schloss sich das Militär sogleich den Putschisten an und rekrutierte eine eigene Zusatzarmee aus mehr als 20 000 Milizionären, die Nachbarn, Verwandte, Geschwister als Linksabweichler denunzierten. Als im August ein Kommando republiktreuer Soldaten, vom Festland entsandt, in Porto Cristo an Land ging, eskalierten Rechtlosigkeit und Verfolgungswahn.

Es war eine grausame Zeit, eine Zeit der Willkür und der Todesschwadronen. Der französische Schriftsteller

Georges Bernanos, ein kämpferischer Katholik und zunächst eigentlich ein Anhänger der faschistischen Falange, erlebte sie auf der Insel und überlieferte der Nachwelt in seiner Streitschrift *Die großen Friedhöfe unter dem Mond* voller Ekel und Abscheu, was Mallorquiner (oder Spanier) bis heute nur selten zu erzählen wagen: Alle einer anderen Meinung Verdächtigen, alle tatsächlichen oder vermeintlichen Gegner Francos brachte man im Juli/August 1936 »zu den Friedhöfen oder in versteckte Hohlwege und erschoss sie dort wie wilde Hunde«.

Bis zu 5000 Insulaner wurden in den ersten Bürgerkriegsmonaten ermordet, obwohl es auf der Insel kaum Linke und allenfalls einige Dutzend überzeugte Kommunisten gab: »Wo hätte die Partei sie auch hernehmen sollen? Es ist ein Land der kleinen Gemüsegärtner, ohne Industrie, ohne Fabriken. In Mallorca konnte es sich, da es keine Verbrechen gab, nur um eine Präventivsäuberung handeln, um eine systematische Ausrottung der Verdächtigen.«

Und der kämpferische Franzose, vom Saulus zum Paulus konvertiert, fasst seine schrecklichen Erfahrungen in einem Satz von geradezu ewiger Gültigkeit zusammen: »Ich nenne Terror jedes Regime, unter dem die Bürger dem Schutz des Gesetzes entzogen sind und die Entscheidung über Leben und Tod nur vom Ermessen der Staatspolizei abhängt.«

In einem solchen System – da haben die ältlichen Reiseunterlagen der TUI recht – hängen Exekutive und Exekution sehr eng zusammen.

Auf Mallorca hat der Bürgerkrieg in den Herzen, im Gedächtnis tiefe Spuren hinterlassen; im vierhundertseitigen Standardwerk *Història de Mallorca* beschreiben dagegen nur wenige Absätze die schreckliche Zeit. Und in der

Öffentlichkeit waren es natürlich nur die Sieger, die sich bekränzten. An der Hafeneinfahrt und am Dorfausgang von Porto Cristo erinnern Obelisken an die blutigen Kämpfe zwischen Republikanern (die sich nach dem Eingreifen der italienischen Luftwaffe auf Befehl aus Madrid von der Insel zurückzogen) und Nationalisten. An die sinnlos Ermordeten erinnert kein Denkmal.

Uns unvergessen bleibt ein Abend in der Nähe von Santa Eugènia, als Teresa in die Hauskapelle ihres großen Weinguts bat. Sie wollte uns nicht nur das versteckte Kirchlein gleich hinter den riesigen Kellergewölben zeigen, sondern besonders die Kirchenbücher der dazugehörigen Gemeinde. Mit zitternden Händen schlug sie das Jahr 1936 auf und deutete auf die Einträge.

Es waren keine Einträge. Man sah nur Striche. Linien, die einen Namen auslöschen sollten.

Teresa war damals, als sie den Mut fand, Ausländern davon zu erzählen, etwas über fünfzig Jahre alt, hatte also den Bürgerkrieg nicht selbst erlebt. In relativem Wohlstand zog sie zwei Söhne auf und hatte kein persönliches Motiv zur Auflehnung gegen den Pakt des Schweigens.

Aber sie wollte ihr Wissen teilen – ein erster Schritt zu Verständigung und Mitgefühl.

Vor nunmehr zwei Jahrhunderten war schon einmal eine Baleareninsel Schauplatz von unermesslichen Qualen und Leid: das kleine, heute – da unter Naturschutz – völlig unbewohnte Eiland Cabrera, der Südküste Mallorcas vorgelagert. Eigentlich besteht Cabrera aus 19, zum Teil winzigen Inselchen, die meist so heißen, wie sie aussehen: die Flache, die Runde, die Durchlöcherte oder die Karge. Karg allerdings sind alle Inseln des Mini-Archipels, der zusammengenommen immerhin eine Größe von 17 Quadratkilometern erreicht. Angeblich, behauptet ein früher Geschichtsschreiber, wurde einst Hannibal auf der Haupt-, der Ziegeninsel geboren; als Chef des phönizischen Karthago machte er später den Römern erhebliche Probleme. Im Mittelalter entstand ein Wachtturm mit einer kleinen Festung, um einen drohenden Angriff von Piraten auf Mallorca melden zu können. Der höchste Berg misst immerhin 172 Meter und heißt bezeichnenderweise *picamoscas* – Mückenstich.

Am Beginn des spanischen Unabhängigkeitskrieges kam Cabrera zu traurigem Ruhm. Nach der für Spanien siegreichen Schlacht von Bailén wurden 9000 französische Kriegsgefangene zunächst auf Schiffen in der Bucht von Cádiz untergebracht und dann nach Cabrera geschafft, wo nur wenige von ihnen – 3600 – noch lebend sechs Jahre später befreit werden konnten: Der Rest war verhungert, verdurstet oder auf der versuchten Flucht nach Mallorca ertrunken. Der bis heute unbekannte Gefangene »N 130«, der 1810 diese Zahlen in eine Festungsmauer ritzte, gehörte wohl dazu.

Die Gefangenen mussten zuerst in Höhlen und Grotten hausen, bevor ein paar Baracken gezimmert wurden. Alle vier Tage kam ein Versorgungsschiff aus Palma mit Rationen, die den Hunger eher verschlimmerten. Soldaten erhielten einen Laib Brot, eine Viertelunze Bohnen und eine halbe Unze Öl; Offiziere durften auf etwas Ziegenfleisch und einen Viertelliter Wein hoffen. Die anderen trieben Tauschhandel mit dem wenigen, was die Insel hergab – eine Maus brachte dem Verkäufer, je nach Größe, 8 bis 9 Bohnen ein; eine Ratte kostete 25 bis 30 Bohnen.

Der französische Offizier Charles Frossard beklagte vor allem den Wassermangel, weil es auf den Inseln keine Brunnen gibt: »Wir hofften auf Erleichterung, indem wir

Salzwasser tranken. Doch so wurde die Behandlung schlimmer als die Krankheit, und die es trinken, sterben noch schneller.« Zum Gedenken an die Opfer wurde in der Mitte des 19. Jahrhunderts ein Obelisk an einem Hügel über dem Naturhafen der Hauptinsel aufgestellt. Die Insel wurde militärisches Sperrgebiet; und in der Einsamkeit konnten die auf der Welt einzigartigen schwarzen Lilford-Eidechsen überleben, bis die Inselgruppe über und unter Wasser in den Neunzigerjahren zum Nationalpark erklärt wurde. Wer das neue Cabrera-Informationszentrum in Colónia de Sant Jordi besucht, kann sich theoretisch die Überfahrt von dort oder von Portopetro aus sparen – obwohl sich der Ausflug auch ohne eigene Jacht lohnt.

Mit einer anderen Art der Erinnerung hatte einer der mittlerweile großen Söhne Mallorcas, der Banker, Milliardär, Stifter, Wohltäter, Großgrundbesitzer, Schmuggler, Ex-Häftling Joan March, sein Leben lang (1880–1962) zu kämpfen; und sein Leben war ein einziges Abenteuer. In Zeiten, da andere am Schicksal, an mangelnden Chancen oder widrigen Umständen verzweifeln, legte March eine atemberaubende Karriere hin, die ihn und nun seine drei Söhne unter die Top Ten der reichsten Bürger Spaniens aufsteigen ließ und die oft genug zulasten des Staates ging, von dem er reichlich profitierte. So viele Anekdoten ranken sich darum, dass es schwerfällt, Fakten und Fiktion zu trennen.

Die Fakten: Joan wird als Sohn eines Schweinehirten in Santa Margalida im flachen Nordosten der Insel geboren. Schon früh entdeckt er ein Talent für ungewöhnliche und ungewöhnlich einträgliche Geschäfte. So soll er als Schulbub Getreide gesammelt haben, das aus Säcken rieselte, die Esel zum Hafen von Alcúdia brachten. Seine

Ernte tauscht er in Zigarren, die er seinen Kameraden auf dem Schulhof weiterverkauft – aber nicht pro Stück, sondern pro Zug. Diese und andere Einnahmen verleiht er während der Woche an Leute, die Bargeld brauchen – gegen ein Aufgeld von 100 Prozent.

Mit dem Erlös kauft der clevere Kaufmann, gerade volljährig, aufgelassene Landgüter des verarmten mallorquinischen Adels, parzelliert das Gelände und verkauft es stückweise an ehemalige Pächter oder Kleinbauern. Diese Transaktionen waren die Keimzelle der Banca March, die noch heute in jedem Dorf der Insel mit insgesamt 140 eigenen Filialen vertreten ist: 40 000 Parzellen sollen damals den Eigentümer gewechselt haben. Noch heute gilt die Familie March mit einem Grundeigentum von mehr als 5000 Hektar als größter Immobilienbesitzer der Insel.

Sein einträglichstes Geschäft fand der smarte Banker und Makler danach im Tabakschmuggel. Aus seiner eigenen Fabrik in Algerien brachte seine eigene Schmuggelflotte die Ware nach Spanien; de facto galt das staatliche Tabakmonopol als ausgeschaltet. Den Ersten Weltkrieg soll March nach frühmallorquinischem Vorbild gut überstanden haben, indem er mit allen Seiten – Deutschen *und* Engländern – Geschäfte machte. Nur einmal in seinem Leben musste der geborene Händler ein Jahr in Haft zubringen – nicht wegen illegaler Schmuggelaktionen, sondern wegen des Vorwurfs, einen Konkurrenten ermordet zu haben. Der Vorwurf wurde nie geklärt, weil March aus dem Knast nach Gibraltar fliehen konnte; das Personal der Haftanstalt begleitete den Flüchtling bei der spektakulären Aktion, angeblich freiwillig.

Vermutlich hat *Señor Monopolio*, so einer seiner Spitznamen, im Bürgerkrieg und in den Jahren danach die Putschisten unter Franco unterstützt. Das könnte seinen unaufhaltsamen Aufstieg erklären; denn im Lauf der Zeit gehörten ihm neben der Bank auch ganze Schifffahrtsbranchen, Fährlinien wie die Trasmediterranea oder der Ölkonzern Campsa. Lange litt der Aufsteiger unter dem Hautgout des Schweinehirten und der Verachtung, die Palmas feine Gesellschaft dem Schmuggelkönig entgegenbrachte; so erhielt er jahrelang keinen Zutritt zu jenem Club, der sich regelmäßig im damaligen *Casino* traf, in dem heute, gleich unterhalb im Westen der Kathedrale, das Parlament und das edelaltertümelnde Restaurant gleichen Namens untergebracht sind. March handelte, indem er in den Vierzigerjahren das Nachbargrundstück kaufte und dort einen eigenen, natürlich größeren, prunkvollen Stadtpalast errichtete, den Palau March, in dem heute Kunst und Skulpturen des 20. Jahrhunderts untergebracht sind. Eine von ihm gegründete Stiftung fördert einheimische Künstler und unterstützt ärmere Insulaner.

Skulpturen aus aller Welt schmücken auch den riesigen Garten rund um die Villa March, eigentlich Sa Torre Vega, oberhalb des Hafens von Cala Ratjada, während das riesige Gut der Familie S'Avall im Süden der Insel bei Ses Salines nur von außen besichtigt und an der Küste umwandert werden kann. Im Inselnorden, beim Castell del Rei, gehört Marchs Erben ein weiteres schmuckes Besitztum.

Quelle aller Legenden um den zweifellos reichsten, vielleicht sogar erfolgreichsten Sohn der Insel war übrigens ein (natürlich nicht autorisiertes) Buch aus dem Jahr 1934 mit dem treffenden Titel *Der letzte Pirat des Mittelmeers*, Autor: Manuel de Benavides. Ihm widerfuhr, wovon andere Autoren und Biografen nur träumen können: Der Held und Akteur des Buches kaufte alle Exemplare auf, nahm sie damit vom Markt und ließ sie später vernichten. Zu einer Neuauflage fehlten Autor und Verlag allerdings der Mut.

So werden aus Piraten, Steuerhinterziehern, Schmugglern erst Faschisten, dann Bankiers und Liebhaber der Kunst, dann sogar Mäzene und Wohltäter.

Und die Exekutive hat das Nachsehen, wenn sie nur nachsichtig genug ist.

¿Habla español? – ¡Parla català!

Der absurde Sprachenstreit

Selbst in Mallorcas vielfältiger Umtriebigkeit gibt es Residenten, sogar Urlauber, die sich langweilen; dann schreiben sie einen Leserbrief an die deutschsprachigen Wochenblätter *Mallorca Magazin* oder *Mallorca-Zeitung* (ein drittes Blatt, der *Palma-Kurier*, höchst seriös, war der publizistischen Vielfalt nicht lange gewachsen). Einige Spaßvögel halten die Leserbriefe für den schönsten Teil jeder Zeitung; Tatsache ist, dass sie recht konkrete Hinweise auf die Stimmungslage der Schreiberlinge liefern.

Meist geht es um (vermeintlichen?) Nepp an Strandkneipen; dann sind die Denunzianten stolz auf ihren Mut, es dem bösen Wirt oder Kellner ordentlich gegeben zu haben. In der nächsten Saison kehren sie zurück und wundern sich, dass die Preise noch weiter gestiegen sind.

Oft wird das Hohelied der Tierliebe angestimmt und deren mallorquinische Variante, zu Recht, heftig beklagt. Speziell schriller Protest gilt dem Stierkampf, den die meisten Briefschreiber nie im Leben gesehen haben

(»Das tu ich mir doch nicht an!«). Prozentual die meisten Zeilen gelten zwischenmenschlichen Rivalitäten unter verschiedenen Gattungen der halbprofessionellen Tierschützer; diese aggressiven Tierschutz-Vorkämpfer rufen neuerdings Touristen dazu auf, beim Heimflug patenhalber ausgewählte, vermeintlich ausreisewillige Hunde oder Katzen mitzunehmen, um sie am Zielort der Obhut besser organisierter Tierheime und echter Tierfreunde anzuvertrauen – Wohlstandsflüchtlinge, Schleusungen gar auf hohem Niveau.

Immer mal wieder schildert in den Wochenblättern ein Betrugsopfer, welcher einfachen oder raffinierten Masche er/sie/es auf den Leim ging. Dabei sind diese meist hochkriminellen Manöver nicht sonderlich typisch für Mallorca, sondern kommen an jedem Urlaubsort, an fast jeder südfranzösischen Autobahn oder auf den meisten süditalienischen Großparkplätzen vor. Da werden Reifenpannen vorgetäuscht, um Hilfswillige auszuplündern. Da werden Autofahrer von den Parkplätzen am Flughafen bis zum nächsten Halt unauffällig verfolgt, an dem es keine Videoüberwachung gibt, und dort ihres Reisegepäcks beraubt. Da werden spät Ankommende mitternachts im dunklen Parkhaus um ihre Koffer erleichtert, bevor sie überhaupt in ihr Mietauto eingestiegen sind. Da werden, mitten in der Nacht, Neuankömmlingen Mietwagen mit fast leerem Benzintank überlassen – damit die Kumpels an der nächsten geöffneten Tankstelle ein leichtes Spiel haben.

Da lungern Nelkenfrauen in Fußgängerzonen oder Taschendiebe überall herum – bereit zum blitzschnellen Zugriff auf die Wertsachen. Selbst besonders edle Refugien, die man bewacht wähnt, lassen Langfinger auf ihr Gelände, und während der Golfer golft, wird sein unbewachtes Auto von allem befreit, was drinnen so herumliegt.

Una palabra: Wer Dieben eine Chance lässt, hat schon verloren. Und zwar meistens das Bargeld; Kreditkarten sind in diesen Kreisen nicht so beliebt.

Manche schreibwütigen Leserbriefschreiber äußern sich zu eigentlich jedem Thema, das ihnen in der Fremde in den Sinn kommt, und wollen ihren Namen möglichst wöchentlich gedruckt sehen – warum, scheint egal.

Thema der hitzigsten Erörterung zwischen Lesern und Schreibern in der Spitzenpublizistik der Insel ist und bleibt aber am Beginn des 21. Jahrhunderts der Sprachenstreit, der außer den Ureinwohnern alle betrifft: die Residenten, die mühsam ein paar Sätze *castiliano* gelernt haben und sich nun über immer mehr Straßenschilder, Fernsehprogramme, Werbung oder öffentliche Aushänge in *català* wundern; die *moros* und alle perfekt Spanisch sprechenden *forasters* aus Lateinamerika, denen es ähnlich geht; schließlich die Schüler und Studenten, die in unregelmäßigen Abständen mit immer neuen Dekreten konfrontiert werden, welche Sprache in welchem prozentualen Anteil gerade *en vogue* oder, besser, *up to date* oder, noch besser, weil weltweit verständlich, *in* ist.

Das Resümee vorweg: In einer Zeit weit offener Grenzen innerhalb Europas, in der staatliche Einmischungen ins Private zu Recht immer stärker verdrängt werden, wirkt es wie ein blöder Anachronismus aus balkanischer oder belgischer Kleinstaaterei, wie sich manch katalanische oder gar baskische Sprachpuristen aufführen, die den Untergang jeder oder wenigstens ihrer Kultur vorausahnen, sobald ein Zugereister ihres Dialekts nicht mächtig ist. Dabei haben all diese, mit Verlaub, äußerst kleinkarierten Regionalisten überhaupt nur deswegen einen kleinen Einfluss auf die Politik und das Bildungssystem in Madrid, Barcelona oder Palma, weil sie in den jeweiligen Parlamenten die von den größeren Parteien ständig umhätschelte Rolle des Mehrheitsbeschaffers spielen – die FDP von heute, wenn auch auf niederem Niveau.

Die Rechtslage ist recht eindeutig; Artikel 3 der spanischen Verfassung bestimmt konkret und interpretationsfrei:

> *Castiliano* ist die offizielle Staatssprache. Jeder Spanier hat die Pflicht, sie zu kennen, und das Recht, sie zu nutzen. Die übrigen spanischen Sprachen sind ebenfalls offiziell in den jeweiligen Autonomen Regionen unter Maßgabe deren Statuten. Die sprachliche Vielfalt Spaniens ist ein Kulturgut und Gegenstand besonderen Respekts und Schutzes.

Auf Mallorca begann der Wandel ganz gemächlich und zunächst liebenswürdig-maghrebinisch: Gesetze und Verordnungen mit dem Ziel, dem *català* zu mehr Aufmerksamkeit und Verbreitung zu verhelfen, waren seit Jahren vorhanden – seit die konservative Volkspartei PP mit der Splittergruppe der *Unió Mallorquí* regierte; die neuen Bestimmungen wurden aber in der Praxis jahrelang nicht angewandt. Dann entdeckte die (von der PSOE, den Sozialdemokraten, geführte) Regierung plötzlich in der Hinterlassenschaft ihrer Vorgänger das balearische Handelsgesetz von 2001: Es schreibt vor, dass in Geschäften mit mehr als drei Mitarbeitern mindestens einer einen Kunden in *català* bedienen können muss.

Beim Studium alter Akten fand sich weiters ein Dekret aus dem Jahre 1990 für die Mitarbeiter der öffentlichen

Verwaltung. Sie wurden, fast zwei Jahrzehnte später, mit der behördeninternen Kampagne *Català, la teva eina de feina* (das Handwerkszeug für deine Arbeit) aufgefordert, mit allen Bürgern am Telefon oder in ihren Amtsstuben zunächst katalanisch zu kommunizieren. Amtliche Broschüren sollen künftig nur noch einsprachig erscheinen. So verändert sich, zuerst heimlich, der Schwerpunkt vom dualen zum einsprachigen – oder besser monotonen – System.

Auch für das Erziehungssystem und die Schulen fand sich eine alte, angestaubte Verordnung von 1997: Demnach müssen mindestens 50 Prozent des Unterrichts in *català* abgehalten werden; die bis dahin geltende Regel des *trilinguisme* (mit Englisch als drittem Fach) bliebe dann nur noch teuren Privatschulen erlaubt.

Dass der Zugriff auf die alten Erlasse keineswegs zufällig, sondern von höchster Stelle gewollt war, zeigt sich in der haarsträubend unlogischen, dennoch offiziellen Begründung des Kultusministeriums für die Gewichtsverlagerung in der Pflege zweier an sich gleichrangiger Sprachen: »Die Situation unserer Sprache ist nach wie vor schwierig. Katalanisch hatte seit 1715 und erst recht während der vier Jahrzehnte Franco-Diktatur einen deutlichen Nachteil gegenüber Spanisch.« Und jetzt kommt's: Wegen dieses Nachteils »muss die Verwaltung dem *català* Vorrang einräumen, um das Gleichgewicht wiederherzustellen«. So wird die eine offizielle Landessprache künftig ein wenig offizieller als die andere. Und das angebliche »Gleichgewicht« ist ähnlich schief wie zuvor – nur dass sich die Balance in die Gegenrichtung verschoben hat. Die eine Sprache ist, die Fanatiker wollen es, gleicher berechtigt als die andere. Das ist so, als würden Männer künftig nur deshalb weltweit diskriminiert, weil es zuvor einige Jahrhunderte lang die Frauen waren, die, nun befreit, aufholen sollen. Es spricht daraus eine ähnliche soziale Haltung wie aus dem kastilischen Begriff für Behinderte: Behindert zu sein heißt im Spanischen, weniger wert zu sein – *minus validos*.

Der Sprachpurist und Reiseleiter Joan-Antoni Adrover gibt in seinem 2007 erschienenen Reiseführer eine so verblüffende wie dämliche sprachpsychologische Erläuterung für das seltsame Betragen:

> Gegenüber Ausländern oder Kastilisch sprechenden fühlen sich Katalanen im Allgemeinen klar unterlegen. Dieses Gefühl der Unterlegenheit trifft auf die Mehrheit der Bevölkerung zu, *auch wenn sie sich dessen gar nicht bewusst sein sollte*... Auf Mallorca lebende Spanischsprecher haben typischerweise keinerlei schlechtes Gewissen, wenn sie kein Katalanisch verstehen. Mallorquiner hingegen sind im Namen von Toleranz und Höflichkeit nur allzu bereit, jederzeit auf ihre eigene Sprache zu verzichten.

Diese Toleranz muss den Mallorquinern doch auszutreiben sein, geht es nach dem Willen der Regionalisten, die sich in Gefühle flüchten, wenn Sprachgebrauch im Alltag, also Verständigung gefragt ist. Ihr Argument, ein Gleichgewicht sei leichter zu erreichen, wenn das Leichtgewicht Ballast auflegen darf, mag physikalisch korrekt sein, entspricht aber nicht dem Willen der spanischen Verfassung – die ja gegen jede Sprachendiskriminierung eintritt, das Wort vom »Gleichgewicht« also gar nicht verwendet. Wie sollte so etwas zu messen sein?

Auch politisch, gesamtstaatlich gesehen ist diese Art von Sprach-Regionalismus Unfug. Er fordert Reinheit, ohne Kompromissbereitschaft. Er spricht jeder Konfliktforschung, vor allem aber einer Konfliktlösung Hohn. Er will so lange gegen den Gegner aufrüsten, bis er eine vermeintliche Balance erreicht hat. Aber – wer ist in diesem absurden Konflikt der »Gegner«? Der Mathematikprofessor an der Balearen-Uni, der lieber einen Ruf in die USA annimmt, als seine Studenten auf *català* zu unterrichten, während der Stand der Wissenschaft international auf Englisch ausgetauscht wird? Der Sportlehrer, der zweisprachig Anweisungen erteilen soll, obwohl die ganze Mannschaft Spanisch spricht und versteht? Wollen hier – ein etwas schräger Vergleich – Nostalgiker im Euro-Zeitalter die Pesete wiedereinführen, an der mancher ja immer noch emotional hängt?

Eine Gruppe spanischsprachiger Intellektueller – unter ihnen der Schriftsteller Mario Vargas Llosa – hat folgerichtig in einem Manifest an die Zentralregierung in Madrid Garantien für Erhalt und Förderung des Hochspanischen verlangt und gefordert, *castiliano* dürfe »nicht in bestimmten Regionen diskriminiert werden«.

Der mallorquinische Olympiasieger und Tennisgott Rafael Nadal hat für sich das vermeintliche Problem pragmatisch gelöst. Einem Sportjournalisten aus Barcelona, der ihn auf *català* fragte, in welcher Sprache er ihn interviewen dürfe, gab er die knappe Antwort: »Auf Spanisch oder Englisch.«

Ein Konflikt lässt sich niemals durch einseitige Vorgaben lösen. Das hat selbst die für Sprachen zuständige Abteilung der Balearen-Regierung erfahren müssen, als sie eine skurrile Auseinandersetzung lostrat. Sie sandte einen sehr höflichen, in perfektem Bürokratendeutsch abgefassten Brief an den Chef der Fluggesellschaft Air Berlin, Joachim Hunold. Es bestehe in Palma »großes Interesse« daran, heißt es in dem Schreiben, »dass in der Kommunikation Ihres Unternehmens mit den Bürgern, die sich für Flüge mit Air Berlin entscheiden, ein adäquater Gebrauch der offiziellen Sprache der Inseln gewährleistet wird. Bei einer grundlegenden und essenziellen Dienstleistung... ist es unerlässlich, dass den katalanischsprachigen Bürgern und Konsumenten in korrekter Weise die Verwendung ihrer Sprache garantiert wird.«

Als Hunold, ein immer hemdsärmelig polternder »Ritter wider den tierischen Ernst«, das Schreiben mit süffisantem Unterton (»Das kommt mir katalanisch vor«) in der Bordpostille seiner Flieger veröffentlichte, schallten spitze Schreie der Empörung über die Insel. Die auf Katalanisch erscheinende Zeitung *dBalears* erklärte den Unternehmer (auf Lateinisch) zur »*persona non grata*«, ein wild gewordener Politiker, dessen Unternehmen zur »Air Goebbels«. Das kämpferische »Kulturwerk der Balearen«, das Sprache und Kultur gerne gleichsetzt, warf allen *mallorquí*-Verächtern eine Haltung vor, »die man mit jener der letzten spanischen Diktatur unter Franco vergleichen kann«. Auch in Deutschland werden Argumente immer wieder mit Vergleichen aus der jüngeren Vorzeit totgeschlagen.

Das war der Moment, wo der Sprachkrampf zum Kulturkampf mutierte. Die Fluglinie wurde mit Tausenden Briefen zugeschüttet, der Ministerpräsident bestellte den örtlichen Manager zum Rapport.

Der erläuterte dem Politiker in sanftem Ton, was die meisten Flugreisenden schon lange wissen: Die Fluglinie nutzt Palma als Umsteigestation für Verbindungen auch nach Portugal, Galizien oder ins baskische Bilbao. Da macht es wenig Sinn, alle Fluggäste in ihrem jeweiligen Heimatdialekt zu begrüßen.

Auch die »Generaldirektorin für Sprachpolitik« im balearischen Kultusministerium, die das Schreiben an Hunold verfasst hatte, ruderte ein wenig zurück, lobte aber als vorbildliches Beispiel die Fluggesellschaft Iberia für ihre »Ansage auf Katalanisch – es ist zwar nur eine Ansage vom Band, und immer dieselbe, aber immerhin«.

Immerhin.

Erfahrene Leserbriefschreiber teilten während der monatelangen Kontroverse übrigens mit, dass die auf Mallorca beheimatete Fluggesellschaft Air Europa ihre Passagiere bei Flügen zwischen den beiden katalanischen Metropolen Palma und Barcelona durchaus zweisprachig verwöhnt – in *castiliano* und auf Englisch.

Vielleicht kennt die Generaldirektorin für Sprachpolitik – ein offenbar entbehrlicher Posten im Regierungsbudget – auch diesen Usus nicht: Alle offiziellen Lautsprecherdurchsagen auf Palmas Flughafen, dem (*en català*) *aeroport* Son Sant Juan, erfolgen mindestens zweisprachig: englisch und spanisch. Manchmal mischt sich Deutsch darunter, selten sogar Französisch. Nur *català* ist, außer auf den Hinweisschildern, die zum Ausgang führen, nicht dabei.

Maghrebinien aber spricht künftig *mallorquí*.

»Ein Winter auf Mallorca«.

Kunst, Kultur und Tristesse

Der Regen fiel in Strömen; schwarze Wolken, schwärzer als Tinte, verhüllten alle Augenblicke das Antlitz des Mondes.
George Sand: *Ein Winter auf Mallorca* (1838/39)

So strahlend der *petit verano*, der kleine Sommer, vom Spätherbst über die Jahreswende bis hin zum Februar sein kann, so trist mag der folgende echte Winter bis gegen Ostern (und darüber hinaus) ausfallen: Es ist Fastenzeit in des Wortes schlimmster Bedeutung.

Ein *gota fria*, ein Kaltlufttropfen, kann sintfluthafte Wolkenbrüche auslösen; und es regnet oft mit stürmischen Böen. Bei jedem mittleren Gewitter fällt der Strom aus, als wäre Mallorca Teil der Dritten Welt; und das Mobilfunknetz funktioniert hier wie dort wetterbedingt auch nur gelegentlich. Die Wände sind feucht bis nass, weil die Sandsteinmauern das Wasser aufsaugen, aber nicht wieder hergeben. Auf der Finca Gabellí Petít bei

Campanet (nördlich von Muro am Fuß der Tramuntana) sprudeln plötzlich wieder wie nach vielen Regengüssen die stolzen, rätselhaften wilden Quellen, die *Fonts Ufanes*, vermutlich Überlauf eines unterirdischen Sees, kristallklar aus dem karstigen Erdboden und vereinen sich zu einem reißenden Bach.

Das Meerwasser erreicht schlappe 13 Grad, zuweilen schneit es echten Schnee bis in die Täler, die Mandelblüte ist ruiniert. Die herabgefallenen Blütenblätter wirken nach Meinung der Einheimischen am Boden wie »mallorquinischer Schnee« (*neve mallorquí*). Die Spitzen der Palmwedel schlaffen ab und verlieren ihren strahlenden Glanz. Die empfindsame Bougainvillea faltet ihre Farben zusammen und hofft auf frische Wärme ohne Wind.

Einzig der wilde Spargel wächst, wenn mal die Sonne scheint. Dann duften auch die Blüten der Orangen mit denen der Zitronen um die Wette und um die Gunst der Bienen und Insekten, die sich sonst in ihren Bauten oder im *romero* (Rosmarin) verstecken. Doch wenn der Wind zurückkehrt, zaust er die Blüten, und die ersten winzig kleinen Früchte, Boten der nächsten Generation, wirbeln vom Baum.

Die Landstraßen stehen unter Wasser, weil die Regengüsse zwischen den Natursteinmauern nicht abfließen können. Die brandneuen Unterführungen unter den Schnellstraßen füllen sich mit Matsch und Geröll; und die neue U-Bahn in Palma – Stolz und Wahlsiegkonzept einer ausgabenfreudigen Regierung – verwandelte sich kurz nach der Inbetriebnahme für Monate, aber zur Freude aller Karikaturisten in eine Wasserstraße, befahrbar allenfalls mit Unterseebooten.

Die Ureinwohner, ohnehin nicht überschwänglich, verfallen in dumpfes Frieren, bewegen sich nur noch rheumatisch-zögernd, auf Stöcke gestützt, von ihren meist ungeheizten Wohnungen hin zu jenen öffentlich zugänglichen Lokalen, in denen eine Heizung oder wenigstens eine Klimaanlage wärmt – der Warteraum einer Bank, eines Arztes oder der örtliche *supermercado*.

Zu Hause haben sie als Wärmequelle, wenn überhaupt, einen offenen Kamin (*escalfapanxes* – das heißt Bauchwärmer) – oder eine *camílla*, eine kohle- oder strombeheizte Pfanne auf einem festen Brett mitten unter dem Esstisch, von dem schwere Tischdecken herabhängen und die Wärme abfangen. Tischgäste dürfen Füße und Knie unter die Decke strecken. Für die klammen Nächte haben sie vielleicht ein Öfchen, das mit einem hölzernen Stiel wie eine Wärmflasche unter der Bettdecke bewegt wird, um das Laken aufzuheizen, ein *maridet* – und das heißt übersetzt: ein kleiner Ehemann.

Manchmal schafft es die Sonne gegen Mittag in den Straßencafés, dass das Volk auftaut; aber auch der zähen Dunkelheit wegen ist diese Vorsaison die schwierigste Zeit auf der Insel. Die meisten Touristen-Restaurants sind geschlossen, weil die Touris auf den Kanarischen Inseln sind. Die urtümlichen mallorquinischen *cellers* steigern mit ihren Neonröhren und ihren kühlen, leeren Katakomben die triste Stimmung und die Sehnsucht nach besseren Jahreszeiten: Wirt, Bedienung und Gäste scharen sich um das einzige offene Feuer, das es dort geben mag, und von den Füßen steigt die klamme Kälte in die Waden.

Unvergessen ein kalter Winterabend in einem Restaurant in Palmas Edel-Vorort Portixol: Als wir den Wirt baten, die Heizung etwas hochzustellen, schleppte er uns einen riesigen gasbetriebenen Feuerungsapparat in den Raum. Als wir gingen, wurden hinter uns demonstrativ alle Fenster aufgerissen, um die blöde Wärme zu vertreiben. Ein wahrer Mallorquiner fröstelt nicht. Wenn aber doch, ist er Ausländer.

Das ist das Wetter, das Frédéric Chopin zu zwei *Nocturnes* und einigen seiner schönsten (den »Regentropfen«-)*Préludes* inspirierte. Lungenkrank war der polnische Komponist und Pianist 1838 mit seiner wegen ihrer Affären weltbekannten Freundin, der Schriftstellerin und Femme fatale Aurore Dupin-Dudevant, genannt George Sand, sowie deren beiden Kindern per Dampfschiff auf die Insel gereist, um dort – wie er hoffte – den Winter besser überstehen zu können. Das war ein Trugschluss.

Aber diesem, für Chopin fatalen Irrtum verdanken Valldemossa und seine Cartoixa de Jesús Natzarè heute noch Ruhm und reichlichen Umsatz. In der Kartause wird die Erinnerung an die beiden wilden Eheleute hochgehalten; sittsamerweise werden die beiden getrennten Zellen 2 und 4 als Gedenkstätten vorgezeigt. In einem Nebenraum der Zelle 4 steht das laut Zertifikat echte Klavier des Künstlers – das er aber damals kaum benutzen konnte: Es traf wegen Schwierigkeiten mit den Zollbehörden erst kurz vor der Abreise des Skandalpaares ein.

Tatsächlich sollen die beiden in Zelle 3 ihren schrecklichen Winter verbracht haben. Chopin, der zehn Jahre später an jener Schwindsucht starb, die sich auf der Insel so verschlimmerte, notierte selbst in seinem Tagebuch:

Ich bin die letzten beiden Wochen krank gewesen wie ein Hund. Drei Ärzte sind zu mir gekommen. Einer roch an dem, was ich spuckte; einer klopfte, um zu erfahren, woher ich spuckte; der dritte horchte, wie ich spuckte. Der erste sagte, ich müsse sterben; der zweite, ich sei schon am Krepieren; der letzte, ich sei bereits gestorben.

Seine Geliebte George war wohl keine echte Hilfe: Sie ärgerte sich über die »Rauheit des Landes und die Unredlichkeit seiner Bewohner«. Die Insulaner wiederum waren empört, weil sie stets Hosen trug und demonstrativ Zigarren rauchte. Sie war eine der ersten Emanzen der Kulturgeschichte, und sie war stolz darauf. Aber Mallorquinerinnen brauchten ein solches Getue wohl nicht. Sie haben, damals wie jetzt, sowieso das Sagen – jedenfalls zu Hause.

Der Mallorca-Soziologe Josep Moll: »Unsere Frauen sind immer Weltmeister in der Kunst gewesen, den Mann glauben zu lassen, er sei der König im Hause.« Und er ergänzt mit einem mallorquinischen Sprichwort, *una palabra*: *Bona vida té un sa, si il donen menjar d'hora; bona vida té una dona, si la deixen comandar.* (Ein gutes Leben führt der Hund, wenn er zeitig Futter kriegt; ein gutes Leben führt die Frau, wenn man sie befehlen lässt.)

Sollte ein Inselbesucher heute noch an Lungentuberkulose erkranken, dann stehen Antibiotika und bessere Ärzte für Diagnose und Therapie bereit. In Palma etwa wartet ein deutsches Ärztezentrum (Tel. 971–220566) auf Patienten, ebenso im deutschen Pensionärsparadies Paguera (971–685333). Für schwierigere Fälle gibt es in Porto Pi im Haus des deutschen (und des US-amerikanischen) Konsulats ein deutsches Fachärztezentrum (Tel. 971–707055). Darüber hinaus bieten etliche deutsche Mediziner aus allen Teilen der Insel in den beiden deutschsprachigen Wochenblättern *Mallorca-Zeitung* und *Mallorca Magazin* ihre Dienste an. Beide erscheinen jeden Donnerstag. Akute Notfälle werden spanisch- oder englischsprachig in den Ambulanzen der öffentlichen Krankenhäuser in Palma, Manacor und einigen Kleinstädten behandelt.

Auch der Winter auf Mallorca ist relativ. Manchen verhilft er zu Ein- und Auskommen; andere könnten gut ohne ihn auskommen.

Mit gesetzteren Worten als Madame Dudevant äußert sich einige Jahrzehnte später Erzherzog Ludwig Salvator, *il arxiduc*, über die Kapriolen des Winters auf der Insel.

> In der zweiten Hälfte des November wird die Temperatur rauer, und von jetzt ab nimmt die Kälte stetig zu… Die Regengüsse folgen im Winter schneller aufeinander und sind reichlicher als zu anderen Jahreszeiten; manchmal wüten auch Stürme, die vom ungestümen Nordwestwinde herbeigeführt zu werden pflegen.

Der Ungestüme ist der *mestral*; er bläst, wie der dem Französischen entlehnte Name schon andeutet, das Rhonetal meerwärts, pumpt sich dann mit Feuchte auf und kann in der Bucht von Alcúdia ganze Uferstreifen verwüsten. Im Frühjahr bringt er manchmal Nachtfröste auf die sonst durchaus milde Insel, und dann gibt es – wie im Jahr 2007 – mal wieder keine Aprikosen auf den alten großen Plantagen im Landesinneren, auch die Olivenernte fällt kleiner aus. Drei Jahre vorher verwirbelte der *mestral* ziemlich zerstörerisch die Häfen und Schiffe an der Nordküste und den eigentlich schönen, langen Sandstrand von Son Serra de Marina.

Der Ort, eine Neugründung des späten 20. Jahrhunderts, bei Residenten beliebt für seinen Hunde zugänglichen Strandabschnitt, hält in seinem Namen die Erinnerung hoch an einen der bedeutendsten Söhne Mallorcas, den im Jahr 1713 im 20 Kilometer entfernten Dörfchen Petra geborenen Juniper Serra i Ferrer, der als Franziskanermönch im Auftrag der spanischen Krone mithalf, das ferne Kalifornien zu besiedeln und zu missionieren. Am dortigen *camino real*, der Königsstraße, die von Mexiko nordwärts führt, gründete Serra 21 Missionsstationen, deren Größe und Bedeutung sich in den folgenden zwei Jahrhunderten vervielfachte – beispielsweise San Diego, Los Angeles, Santa Barbara, Santa Clara, Santa Cruz, San Francisco und Carmel, wo Serra 1784 beigesetzt wurde. Im alten, engen Städtchen Petra erinnern Serras Geburtshaus und ein Museum an den Mitschöpfer Kaliforniens. Die alte Straße zwischen Petra und Son Serra de Marina lohnt in jedem Fall eine Fahrt – das Terrain erinnert in seiner kargen Einsamkeit mit Blicken auf die kahlen, schroffen Hügel beiderseits der Bucht von Alcúdia an südafrikanische Landschaftseindrücke.

Auf die Ehre eines Museums und einer Gedenktafel verzichten muss einstweilen noch ein Schriftsteller deutscher Sprache, der Mallorca 1953 – also weit vor der Verwandlung der Bauerninsel zum Ferienparadies – erstmals zum Ort der Handlung für einen Roman erhob, in der literarischen Gattung eines Schelmenstücks. Mit dem mallorquinischen Winter verbindet *Die Insel des zweiten Gesichts* von Albert Vigoleis Thelen eigentlich nur der Satz »Der Nachthauch war kühl« sowie der Verdacht, dass die 792 Seiten des Werks wohl nur an langen Winterabenden les- und konsumierbar sind: In höchst manieriertem Sprachstil – den manche Kritiker allein deshalb schon als »barock« lobten – schildert Thelen (1903 – 1989) autobiografische Abenteuer mit, so ein Rezensent, »bezaubernder Weitschweifigkeit«, die er und seine Freundin

Beatrice in den Jahren 1931–36, der Vor-Bürgerkriegszeit, zwischen Schmugglern, Nutten und Emigranten rund um Palma erlebt haben.

In exakt jener Zeit, also kurz vor dem Bürgerkrieg, der auch Mallorca innerlich zerriss, spielt (und erschien) der katalanische Bestseller *L'illa de la calma* von Santiago Rusinol. Er nannte Mallorca »die Insel, auf der es Männer nie eilig haben und Frauen sanft alt werden«. Seine damalige, zum Titel geronnene Behauptung, Malle sei eine »Insel der Ruhe«, wirkt heutzutage ein wenig überholt, wenn wir an bestimmte Gegenden der Insel denken. Doch gerade im Winter lohnen Spaziergänge und Ruhepausen an den dann ruhigen *Cales* der Südostküste zwischen Cala Ratjada und Cala Figuera. Der sommerliche Trubel ist verschwunden; die sommers gesperrten Zufahrten etwa ins Naturschutzgebiet der Cala Mondragó bei Santanyí sind wieder frei, und die Buchten zwischen den Klippen schillern, nun ohne Rummel, so smaragdgrün, auch tiefblau wie das Meer vor den Stränden der Karibik.

Vom Bürgerkrieg in die Gegenwart reicht ein Familienroman, *Die Liebenden von Son Rafal*, der das Schicksal zweier Familien auf der Insel gestern und heute erzählt. Die Autorin Brigitte Blobel beschreibt die bis heute unbewältigten Folgen der Auseinandersetzungen und Kämpfe zwischen Republikanern und den Falangisten des späteren Staatsdiktators Franco, der auf der Insel schon früh viele Gefolgsleute um sich scharte. Spuren der alten Fehden fand sie in Kirchenbüchern des Weinguts Sa Torre bei Ses Alqueries, das heute die vorzüglichen Weine der Marke Macià Batle erzeugt. Kein Wort mehr zu diesem Roman, der auch eine Art Familiensaga ist: Die Autorin ist meine Frau.

In die ziemlich aktuelle Gegenwart führt uns hingegen der TV-Autor und mehrfache Grimme-Preisträger Heinrich Breloer (*Die Manns, Buddenbrooks*) mit seinem 1995 zuerst erschienenen Bestseller *Mallorca, ein Jahr* (verfasst gemeinsam mit Frank Schauhoff), einem höchst authentisch wirkenden Liebes- und Aussteigerroman. Der Journalist und Held Michael Weidling nimmt eine Auszeit vom (damaligen) Bonner Politbetrieb und lebt ein Jahr unter Mallorquinern im landschaftlich schönen Dreieck zwischen Llucmajor, Montuïri und Colónia de San Jordi; und er erlebt natürlich auch den Winter:

> Es war ziemlich trostlos. Wohin ihn auch der Zufall führte, jetzt im Winter waren es Geisterstädte, in deren leeren und ausgestorbenen Straßen er sich immer wieder verfuhr. Häuser und Pflanzen waren für den Winter eingepackt, das Unkraut wuchs in den Straßen. Zeitungsfetzen und Mülltüten trieben über die Plätze, und um die leeren Müllcontainer strichen hungrige Katzen.

Das gilt, abgesehen von den Katzen, wohlgemerkt nur für solch touristisch-künstliche Edelorte am Meer wie Cala d'Or, Ca'n Picafort oder Cala Millor – sie sind im Winter öd und leer. Recht hat er ja: Die dortige Suche nach einem womöglich gar beheizten Restaurant gleicht einem Glücksspiel, und wer wirklich etwas einkaufen muss, sollte in die historisch gewachsenen Kleinstädte Santanyí, Felanitx oder Artà im Inselinneren ausweichen, in denen auch an kalten Tagen und speziell an den Markttagen das Leben weitergeht wie seit ein paar Hundert Jahren.

Oder natürlich nach Palma, das die wahren Mallorquiner nur schlicht, aber liebevoll *ciutat* nennen: Für sie gibt es eh keine andere Stadt, die mit der einen und einzigen konkurrieren könnte. Die weite Bucht der Hauptstadt ist vor dem *mestral* und seinem Kumpel aus dem Norden, der kühlen *tramuntana*, besonders geschützt. Deshalb ist an Winter- und an Regentagen die verwinkelte Altstadt von Palma so überfüllt wie sonst nur noch die Höhlen von Porto Cristo nach der Ankunft einer Kolonne TUI-Busse.

Bei schlechtem Wetter scharen sich auch Touristen und Kunstfreunde (außer montags) um das Museum für Joan Miró in Cala Major im Westen von Palma, gleich oberhalb des Sommerhauses der spanischen Königsfamilie, des Palastes Marivent. Der Maler, der im spanischen Bürgerkrieg in die USA ausgewichen war, lebte von 1956 bis zu seinem Tod 1983 auf Mallorca. Sein Atelier, gleich neben dem Museum, blieb seitdem unverändert; die Fenster erlauben einen Blick ins Innere auf das ästhetische Durcheinander von Leinwänden, Skizzen und Staffeleien. Nachgerade typisch für Mirós Malstil, der an Graffiti, auch an Kinderzeichnungen erinnert: das Logo des spanischen Fremdenverkehrsamtes.

Wer noch mehr Malerei, mehr Kunst und Kultur fürs Wohlergehen und als Kontrast zur Platja de Palma braucht, dem sei die alte Seehandelsbörse Sa Llotja am Beginn des Passeig Marítim gleich neben dem Regierungssitz, dem Consolat de Mar, zum An- und Hinschauen empfohlen: Der Bau, Symbol der ersten Wohlstandszeit, die Mallorca unter christlicher Herrschaft erfuhr, beherbergt im Jahresverlauf wechselnde Kunstausstellungen, ist aber wegen seiner gotischen Spitzbogengewölbe und seiner Lage selbst ein Ausstellungsstück. Die Börse, 1451 fertiggestellt, ähnelt einer dreischiffigen Hallenkirche. An dem Platz vor ihrem Eingang beginnt das, neudeutsch so genannte,

»Fressviertel« der Altstadt. Von hier bis zur Straße Borne, die die neuere Innenstadt erschließt, und aufwärts bis zur Carrer Apuntadors reihen sich Kneipen, Tapas-Bars, Pinten, Edel- und Spezialitätenrestaurants unterschiedlichster Stil- und Geschmacksrichtungen aneinander.

So gestärkt, mag der Aufstieg zur Kathedrale La Seu (der Bischofssitz) leichter fallen. Heute gelten ja die mit Reet benagelten, Schatten spendenden Pilzhütchen an den Stränden als Kennzeichen Mallorcas, etwa im Fernsehen, wenn dort wieder einmal schadenfroh über schlechtes Wetter auf der Schönwetterinsel berichtet wird. Aber seit Jahrhunderten und für die Ewigkeit bleibt die Kathedrale das wahre Wahrzeichen.

Sie hat, wenn auch ohne mächtige Türme, mit dem Kölner Dom die Ausmaße und die jahrhundertelange Bauzeit gemein; allerdings sind ihre Säulen mehr als doppelt so hoch und viel schlanker – deshalb wirkt der Raum licht und hell. Mit dem Bau dieser »Kathedrale des Lichts« – vormittags kann die Sonne das Mittelschiff erleuchten – begann Mallorcas Rückeroberer Jaume II. schon 1230, nachdem seine Flotte einige Monate vorher auf dem Weg zur Insel von einem schweren Sturm überrascht worden war; der König rettete angeblich sich und die Seinen mit dem Gelübde, eine Kirchen zu bauen, womit er gleich neben der damaligen Moschee begann. 371 Jahre später galt das Bauwerk erstmals als vollendet; doch entstand die neugotische Hauptfassade erst nach dem (leichten) Erdbeben von 1851. Der Innenraum der Kathedrale ist umkränzt von 20 Kapellen, wobei in der Kapelle der Dreifaltigkeit, am Ende der Längsachse, gleich unter der riesigen, mehr als 11 Meter hohen Hauptrosette, die beiden Könige Jaume II. und III. bestattet wurden.

Im Winter übrigens ist die Kathedrale nur kurz

(10–15 Uhr) für Besucher geöffnet, sonn- oder feiertags für Besichtigungen gar nicht. Vom Glockenturm gleich neben dem Seitenportal *de l'Almoina* kann, wer will, auf Hafen und Stadt herabschauen; einen ähnlichen, noch schöneren Blick darf genießen, wer beim Rückflug nach dem Start rechts aus dem Fenster guckt.

Palma ist natürlich immer einen Ausflug wert. Aber bei schönem Wetter ist es noch schöner, weil die meisten anderen, Touristen wie Residenten, dann nicht in der Stadt sind. Machen Sie's antizyklisch!

Der Salon Europas.

Mallorca i fora Mallorca

Alle (paar) Jahre wieder kommt das ZDF mit großem Tross und Gefolge auf die Insel, um in der einst viel beliebteren Stierkampfarena an der Plaça de Toros den deutschen TV-Dauerbrenner *Wetten, dass...* zu veranstalten. Beim ersten Mal, 1999, fielen die Fernsehmacher wie imperiale Kolonialherren über die Insel her: Man tat, als sei Palma so etwas wie ein Paderborn im 17. Bundesland: Eintrittskarten wurden auf der Insel nicht verkauft, Ehrenkarten jedenfalls an Einheimische nicht verteilt. Alle Gäste wurden eingeflogen, selbst die Claqueure, früher Zuschauer genannt.

Auch der Gastro-Service für Künstler und Gäste kam vom Mutterland, damit es den Zuschauern an nichts Gewohntem mangele; nur das Essen für das in der Woche zuvor ebenfalls eingeflogene Hilfspersonal, vom Kabelträger bis zum Beleuchter, kam nicht aus Mainz, sondern aus Mallorca, allerdings von einem deutschen Koch. Die Insulaner grummelten. Es fand statt das Gegenteil von

Integration – so etwas wie ein Zwangsbesuch bei Ballermann als ZDF-Programm-Highlight.

Aus der damaligen Invasion und der Kritik daran hat der Sender gelernt. Beim nächsten Mal war alles anders. Spanische Gäste auf Gottschalks Sofa, mallorquinische unter den Zuschauern. Die Insel war Teil der Show. Sie ist es wert. Sie ist ja nur im August ein Ort für Invasoren. Die anderen elf Monate ist sie Bühne für ganz andere Wettbewerbe.

Die Insel der Vielfalt, das fast perfekte Überall, ist nicht nur bei *Wetten, dass…*-Sendungen, in Zeiten der *firas,* der Schlussverkäufe oder an Markttagen ein Ort vielfältiger Angebote. Ein jeder ist eingeladen, an jener Multikultur teilzuhaben, wie es sie sonst in New York, früher in Prag, vielleicht sogar einst in Maghrebinien gab. Private und professionelle Eventmanager organisieren inzwischen fast alles – Klassik- oder Jazzkonzerte, Ausstellungen, Luxusartikelmessen, Gastspiele, Hundeschauen, Vernissagen, Oldtimer-Fahrten, Backgammon-Spiele, Treffen für Singles, Tennispartner, Wanderungen, Lesungen, Ballonfahrten oder Helikopter-Rundflüge, Zusammenkünfte für philosophische Diskussionen, Freimaurer oder Chorsänger. Eigentlich gibt es nichts, was es nicht gibt; selbst die deutsche FDP ist mit einer eigenen Ortsgruppe auf der Insel präsent. Und an inzwischen drei Stränden können Badegäste über einen von den zuständigen Kommunen installierten kostenlosen W-Lan-Hotspot auch beim Bräunen und Relaxen im Internet surfen.

Der argentinische Zeichner und Erfinder aller Knollennasen, Guillermo Mordillo, Mallorca-Bewohner natürlich auch er, schätzt diesen »Salon im europäischen Haus. Nirgendwo sonst kann man an einem Tisch sitzen und ist als Ausländer garantiert keine Minderheit«.

Im Gemeindegebiet von Calvià im Inselwesten, zu dem die Edelorte wie Andratx, Camp de Mar oder Santa Ponça gehören, ist nach der neuesten Statistik ein Drittel aller gemeldeten Einwohner ausländischer Herkunft, mit den entsprechenden Folgen für die Kommunen und die Kommunikation. Aber die meisten sind freiwillig auf der Insel und gerne – ob nur kurz, länger oder für immer.

Mallorca wirkt auf Mordillo, der für einen Golfplatz in Santa Ponça eine Palmeninsel (ohne Nase) entwarf, wie ein Paradies – und für viele ist es das auch: für die deutschen oder englischen (Vor-)Ruheständler, die sich zur Halbzeit ihres bis dahin gut geregelten Lebens den Traum vom zweiten Leben in Wärme am Strand erfüllen wollten und die mit Pension, Rente, Vermögen oder Einkommen gut auszukommen vermögen. Im Unterschied zum Leben in Großstädten daheim spüren sie vor Ort keine Bedrohung, durch wen auch immer; und im Unterschied zum Landleben zu Hause verspüren sie keine Langeweile, weil jede Art Kurzweil von jedem Inselort aus in maximal einer Stunde erreichbar ist. »Alles läuft so friedlich auf Mallorca und so normal, dass es Schlagzeilen einfach nicht hergibt«, schwärmt der Autor und Sprachästhet Wolf (Schneider), der seit 1995 ständig auf der Insel lebt.

Manch andere, die einst vom einfachen Leben im Paradies vielleicht zu einfach träumten, haben es nach dem Aufwachen und Aufstehen schwerer. Dazu gehören jene, die sich ein ganzjähriges Leben im *All-inclusive*-Schlaraffenland vorgestellt hatten und dann von einer anderen Inselrealität herb überrascht wurden: Die ärztliche Versorgung zu spanischen Konditionen ist, milde gesagt, schwierig; für Operationen etwa gibt es wochen- bis monatelange Wartezeiten. Ein Leben ohne Heizung, für Insulaner Tradition, ist Nordlichtern schwer zu vermitteln. Die Autoversicherung kostet jährlich ein kleines Vermögen; da nützt es nichts, wenn der Treibstoff billiger ist. Die Vorstellung, mit Gelegenheitsjobs dem schwächelnden Konto aufzuhelfen, bleibt oft genug nur eine Hoffnung. Denn die Konkurrenz für all die Aussteiger, Heilpraktiker, Reiki-Meister, Bau-, Haus-, Haustier- oder Pferdebetreuer, für Kochlehrer, Erotik-Fotografen oder Goldschmiedekunst-Unterweiser, mittlerweile selbst für Eventmanager ist riesig.

Die neuerdings so beliebten Bilder von Auswanderern und den von ihnen gelobten Ländern sind vor allem anderen quotenträchtige, oft fiktive Filme im Privat-TV mit eigenem Drehbuch. Zu ihrer Glaubwürdigkeit im gelebten Leben gehören aufseiten der Emigranten eine gute Vorbereitung vor dem Start, Mut, immerhin ein paar Sprachkenntnisse, ein Arbeitsplatz oder wenigstens eine passende Ausbildung und, für den Fall der Fälle, eine Notunterkunft in Deutschland als Rückzugsraum. Die Insel und besonders das sonst ja nette Deutschen-Getto um die Rentner-Enklave Paguera wimmelt von Exkellnern und Exwirten, die zusammen mit ihren enttäuschten Hoffnungen einen eher tristen Alltag fristen; selbst die beste Hochsaison ist irgendwann vorbei.

In unregelmäßigen Abständen schauen deutsche Politiker bei ihrer (auch vor ihnen geflohenen) Klientel vorbei und verkünden die ähnlichen Weisheiten oder Binsen, die sie auch in Deutschland zum Thema Integration feilbieten. Nur sind dort die Empfänger Türken oder Kasachen; auf der Insel ist es die ehemals eigene Kundschaft. Etwa Wolfgang (Bosbach), Vize der Berliner Unionsfraktion: »Wenn jemand nicht mehr auf gepackten Koffern sitzt, dann ist er angekommen. Das ist dann die neue Heimat.«

Das wird so sein. Aber wenn die Koffer der künftigen Residenten wirklich ausgepackt sind, beginnt ihre Chance – ein anderes Leben zu führen, an einem ungemein facettenreichen multikulturellen Experiment teilzunehmen, im erstrebten Paradies friedlich zu koexistieren, mit gegenseitigem Respekt vor dem oder den anderen. Schulpflichtige Kinder, wenn man welche hat, beschleunigen die Kontaktaufnahme zu Nachbarn oder Gleichgesinnten. Aber für die anderen, die Älteren, beginnt keineswegs eine wie immer geartete Pflicht zur Integration, wie deutsche Politiker sie für Kreuzberg oder Köln herbeizureden suchen. Niemand ist gezwungen, über die Grenze seiner Finca oder das Eingangsportal seines Meerblick-Apartments hinauszuschauen. Aber er ist eingeladen, an einem Stück auf relativ großer Bühne teilzunehmen – und jedem ist freigestellt, ob als Zuschauer, Statist oder als Mitwirkender.

Das Stück ist keine Premiere, an anderen Spielorten lief es in den letzten Jahrhunderten immer mal wieder, mit wechselndem Erfolg. Es heißt »Europa als Vielvölkergemeinschaft« und steht auf der Bühne Mallorca seit einiger Zeit in wechselnder Besetzung auf dem Spielplan.

Ihre neue, zweite Heimat auf oder sogar hinter der Bühne haben viele gerne angenommen; jeder nach seiner Fasson. Wiltrud, Therapeutin und Esoterik-Aussteigerin aus Hamburg, besucht jeden Dienstag einen Tanzkurs: Sie und die anderen Teilnehmerinnen – sie nennen die Deutsche zärtlich »Willi« – üben mallorquinische Volkstänze, die sie während der *fira* im August dem Dorf zeigen wollen. Ihr Bruder Gerd, Koch aus Düsseldorf, beliefert mit einem mobilen Partyservice Kunden unterschiedlichster Nationalität auf der ganzen Insel. Und einmal im Jahr, beim Ausländertag, wenn alle Fremden eingeladen sind, den Dörflern heimatliche Spezialitäten anzubieten, dürfen die Einheimischen Sauerbraten mit Apfelmus oder Würstchen mit Kartoffelsalat nach dem Rezept der beiden probieren. Die Geschwister haben ihr zweites Zuhause auf Mallorca gefunden – auch wenn das *mallorquí* ihnen wie allen Neubürgern noch Mühe macht.

Gabriella, Malerin aus München, lädt jeden Mittwoch Zugereiste und Einheimische zu einem vegetarischen Abendbrot an ihren Pool; wer will, ist mit einem Kostenbeitrag dabei. Ihre Post – denn auch sie wohnt adressen- und postfachlos auf dem *campo* – lässt sie sich in die nächstgelegene Zweigstelle der Sa-nostra-Sparkasse schicken, deren Angestellte sich schon freuen, wenn sie einen Brief aushändigen dürfen. Gegenüber, im Café Son Font, treffen sich am Markttag Residentinnen und Marktbesucher zum *cafè solo* oder *cortado*. Sie fühlen sich als halbe Mallorquiner; und sie glauben nicht zu Unrecht, dass sie bei den eigentlichen Gastgebern *benvinguts* (willkommen) sind. Sie verlangen von ihnen nichts. Sie erwarten von den Einheimischen nur, was sie selber zu geben bereit sind – ein gewisses Gleichmaß an Höflichkeit; das aber ist den meisten Mallorquinern angeboren.

Auch die Insulaner gehen ja im Lauf der Jahre durchaus auf ihre neuen Nachbarn zu, die sie, wenn es sich um Deutsche handelt, untereinander *caps quadrats* nennen. Mit dem »Quadratkopf« meinen sie nicht nur das andere Aussehen der Gesichter, sondern auch die andere Ausstrahlung – ein solcher Typ galt früher als pflichtbewusster Perfektionist. Seitdem immer mehr dieser einst Beneidenswerten die Insel bevölkern, hat sich nach dem Eindruck des Inselsoziologen Josep Moll die Einschätzung seiner Landsleute ein wenig ins Negative verändert: Heute gelten »Quadratköpfe« als stur, arrogant, rechthaberisch. Womöglich haben die Insulaner mit allen diesen Typisierungen ein wenig recht.

Jedenfalls gehen einige Mallorquiner, nach angemessener Frist, erstaunlich weit aus sich heraus, bringen dem neuen Nachbarn ein kleines Geschenk, erlauben ihm, einen Obstbaum abzupflücken, bedenken ihn mit frisch geernteten *calebassin*, einer Art Kürbis, oder zeigen stolz die ersten Fotos des Neugeborenen. Andere beschränken sich darauf, die Nachbarn und deren Angewohnheiten zu beäugen, oder bauen mitteleuropäische Mehrscheiben-Isolierfenster in ihre alten Steinhäuser ein, weil sie die schon für eine Art Heizung halten. Wieder andere kopieren, leider, manche der unangenehmen Mitbringsel der Zuwanderer: Weil fast jeder Deutsche seinen Besitz mit Zäunen und Gittertoren abgrenzt, wuchert jetzt auch um mallorquinische Grundstücke der Maschendraht. Früher stand eine solche Finca allen offen, die den Weg abkürzen, einen Hasen erlegen oder nur ein *bon dia* rufen wollten.

Pedro, ein einfacher Bauer und Züchter schwarzer Schweine in dem kleinen Weiler Son Mesquida, hat sich jetzt neben sein Haus einen Swimmingpool bauen lassen, »so, wie ihn die Deutschen haben«. Er kann zwar nicht schwimmen, will es auch gar nicht lernen, aber so ein Pool erhöht das Prestige und verbessert den späteren Verkaufswert seiner Finca. Er passt sich an.

Seine Nachbarn und Freunde Toni, 80, und Anna, 78, wollten selber mal fühlen, wie sich Touristen fühlen: Sie buchten und verbrachten, als sei es jugendlicher Übermut, einen einwöchigen Kurzurlaub in einem All-inclusive-Hotel am Strand von Alcúdia, allein unter Fremden. »Die Deutschen essen zu viel«, fassten sie danach ihre Erfahrung aus einer ganz anderen, ihnen immer noch unbekannten Welt *fora Mallorca* zusammen.

Nicht weit entfernt in Richtung Pollença haben Reinhard und Liz, sonst in Gütersloh beheimatet, ihren versteckten Besitz; schon vor Jahren schenkten sie der Gemeinde eine stattliche Bibliothek, ausgestattet nicht nur mit Büchern der eigenen Verlage. Wir haben mit den beiden Bertelsmann-Eignern nur unseren Wasserqualitätsprüfer Frank gemein, einen echten Auswanderer, der seine Kinder auf eine Inselschule schickt. Mit Boris (Becker) hatten wir den Klempner Onofre gemein – und kennen daher dessen Bau-Los aus immerhin zweiter Hand.

Die Insulaner, egal, welcher Nationalität, verlassen manchmal ihre sehr eigene Welt und schauen sich im Parallelentwurf, im Szenenbild der anderen um. Oft klappt es noch nicht, dann gibt es einen Streit unter Nachbarn wie daheim in Deutschland, und so ein Alltagszank unter Rechthabern ist überall schrecklich, auf Sylt wie in Andratx.

Die meisten mallorquinischen Geschäftsleute haben, zum Ärger mancher zugereister Nörgler unter ihren Kunden, zwei Preise für ihre Waren: Die ausgeschriebene Forderung auf dem Preisschild gilt in dieser Höhe nicht für die einheimische Klientel. Wer das bekrittelt, ist wie überall im Mittelmeerraum zum Handeln und Feilschen eingeladen; oder, noch besser, er bringt für die großen Anschaffungen einen Mallorquiner als Dolmetsch und Vermittler mit.

Normalerweise wird das friedliche Nebeneinander der Kulturen geübt, sogar gelebt. Manchmal, wie überall, hilft sogar ein Streit beim Üben. Michael, Spross einer Hamburger Verlegerdynastie mit riesiger Ländereien bei Felanitx, weigerte sich, einem Natursteinmauer-Maurer dessen Nachforderung auszuzahlen, die um eine Million

Euro über dem verabredeten Kostenvoranschlag lag. In seinem Zorn drohte der Mallorquiner, dann eben Ärger zu machen – etwa Feuer zu legen. Darauf die Antwort: »Du weißt jetzt, dass du auf mein Haus gut aufpassen musst. Denn ich weiß, dass du es bist, der mir schaden will.« Dann einigten sich die beiden.

Was Mordillo am Kaffeehaus-Salon von Palma so liebt, kann jedem anderen an einem Sommerabend in den Fischkneipen von Porto Portals, Portixol, Sa Ràpita oder Colónia de Sant Pere widerfahren: Die gelassene Internationalität, das Nebeneinander in Ferien- oder wenigstens Gutwetter-Stimmung ist das Erfolgsgeheimnis der mallorquinischen Darbietung von Multikultur. Selbst bei Generalproben auf gehobener Bühne gehören Pannen noch zum Programm – etwa wenn eine Angestellte des Rathauses von Porreres einen Bittsteller, der sein Anliegen auf Hochspanisch vorträgt, anschnauzt, er möge sein Begehr in *mallorquí* äußern. Auch diese *ajuntament*-Tussi hat ja eine Rolle im Multi-Kulti-Theater – vielleicht lernt sie gar?

Matthias, größter und erfolgreichster Makler mit knapp zwei Dutzend Filialen inselweit, der dem deutschen Inselradio 95,8 seine feudale Adresse am Passeig Marítim schenkte, sponsert den Fußballclub Atlético Baleares und ist Namensgeber einer Stiftung für Kunstausstellungen und Wohltätigkeitsveranstaltungen. Eine andere Stiftung sorgt sich um Drogenkids. Seiner besonders betuchten Kundschaft zeigt er mit dem eigenen Hubschrauber die besonders ausgesuchten, meist zweistelligen Millionenangebote.

Peter, erfolgreiches Schlageridol mit einem großen Hof im Nordwesten, hilft mit seiner Stiftung traumatisierten Kindern auf den Weg zurück in eine heilere Welt. Die beiden Wohltäter reihen sich als Repräsentanten einer neuen Internationale in Geschichte und Gefüge der Insel ein, auf der schon immer Bauern und Seefahrer, Piraten und Korsaren, *moros*, Muslime und Christen, Schmuggler, Steuerhinterzieher und Aussteiger aufeinandertrafen. Notfalls lässt es sich auch eine Nummer kleiner sagen: Sie wollen, wie jeder andere Mäzen, Gutes, Nützliches tun und mit ihrer Stiftung zugleich Steuern sparen – für alle eine gute Sache.

Horst, Fernsehmann aus Berlin, tut immerhin mit seinen vielen Johannisbrotbäumen etwas Nützliches: Er pflückte deren viele Karat schweren Schoten, sammelte 777 Kilogramm in Säcken und verkaufte sie an die örtliche Agrargenossenschaft – für 33 Cent pro Kilogramm, kein großes Geschäft. Aber auch er passt sich an und fügt sich ein. Die Insel macht Spaß – erst recht, wenn ein jeder seinen kleinen Regierungs- oder Verwaltungsbezirk verlässt und beim Nachbarn vorbeischaut.

Das so gut Gemeinte kann trotzdem, so ist das Leben, manchmal in einer Enttäuschung enden, wie bei Beatrice: Sie lud alle mallorquinischen Handwerker, die am Bau des Hauses beteiligt waren, zu einer *housewarming*-Party ein. So viel Nähe, so viel versuchte Wärme waren die Praktiker nicht gewöhnt. Keiner, nicht ein Einziger folgte der Einladung.

Ganz anders, als Pepe, Chef der gleichnamigen Fischkneipe bei Es Trenc, seine Kundschaft zur Hochzeit seiner Tochter Rosa mit dem Kellner Damian bat. Da kamen, an einem Januarwochenende, 1200 Gäste aus aller Welt, erst in die Kirche Santa Eulalia nach Palma, dann zum Festschmaus in sein Restaurant, das er um ein riesiges Zelt auf gesperrter Straße erweitert hatte. Zwar war das Hochzeitsessen gratis, aber der Einladung diskret beigefügt war ein Zettelchen mit endlos vielen Zahlen – Verbindungsdaten und Swift-Code jener Bank, über deren Konto die Jungvermählten ins gemeinsame Leben starten wollten.

Integration – deutsche Wahlkämpfer, aufgepasst! – geht nicht von jetzt auf gleich, vielleicht in einer, vielleicht erst in der vierten Generation. Schon der Versuch einer guten Nachbarschaft verlangt beiden Seiten etwas ab, den schon Anwesenden wie den Hinzugekommenen: Beide müssen bereit sein, den anderen zu respektieren, ihm zuzuhören, ihm Marotten oder Eigenheiten zu erlauben. Aber Integration kann kein Selbstzweck sein, ihr Ziel nicht die glatt gebügelte Einheitskluft. Dann verlöre Mallorca sein Wichtigstes – den Charme Maghrebiniens.

Musterbeispiel für erträumte Integrationsseligkeit, die auf die Mühen des erlebten Alltags prallt, mag Roberto sein.

Er erschien eines Tages, es ist ein paar Jahre her, bei seiner (und unserer) deutschen Nachbarin Brigitta und wirkte etwas verlegen. Er habe gehört, begann er dann bei einem *café solo*, wie fabelhaft arbeitsam, fleißig und hübsch deutsche Frauen seien. Brigitta fürchtete schon einen Antrag im nächsten Satz, da fuhr Roberto fort: Ob sie ihm mit ihrer Erfahrung nicht helfen könne, den Text einer Heiratsanzeige zu formulieren, die er in einer deutschen Zeitung aufzugeben gedenke?

Sie fragte ihn – einen gut aussehenden, sportlichen jungen Mann –, an welche Formulierung er denn gedacht habe? Er zog einen zerknüllten Zettel mit jenen Angaben aus der Tasche, die er für die wichtigen hielt: »Mallorquinischer Unternehmer, vermögend, geregeltes Einkommen, sucht Sie – fleißig, hübsch, die auch gerne mal am Sandstrand mit anpackt.«

Birgitta redigierte den Text ein wenig, weil sie Roberto nicht verletzen wollte; und etwa diese Anzeige erschien dann in einigen deutschen Regionalblättern: »Sommer, Sonne, Strand. Spanischer Unternehmer, vermögend, sucht junge Frau fürs Leben. Sprachkenntnisse erwünscht.«

Die Annonce gefiel 120 Bewerberinnen so gut, dass sie sich bei Roberto meldeten; einige flogen auch zum persönlichen Kennenlernen für einen Kurztrip auf die Insel. Im Jahr darauf war Hochzeit – aber nach mallorquinischer Art; denn die Braut war dann doch Mallorquinerin.

Roberto, Pächter eines Strandabschnitts am Naturstrand Es Trenc, mit Liegen- und Sonnenschirmverleih, hatte statt Liebesheirat praktischerweise eine Vernunftehe geplant – die Auserwählte sollte während der Sommersaison beim Verleih und bei der Reinigung kräftig mithelfen – immerhin am Traumstrand.

Eine Insel der Vielfalt.

Bereits erschienen:
Gebrauchsanweisung für…

Amerika
von Paul Watzlawick

Amsterdam
von Siggi Weidemann

Barcelona
von Merten Worthmann

Bayern
von Bruno Jonas

Berlin
von Jakob Hein

die Bretagne
von Jochen Schmidt

Brüssel und Flandern
von Siggi Weidemann

Budapest und Ungarn
von Viktor Iro

China
von Kai Strittmatter

Deutschland
von Maxim Gorski

Dresden
von Christine von Brühl

die Eifel
von Jacques Berndorf

das Elsaß
von Rainer Stephan

England
von Heinz Ohff

Frankreich
von Johannes Willms

Freiburg und
den Schwarzwald
von Jens Schäfer

den Gardasee
von Rainer Stephan

Genua und
die Italienische Riviera
von Dorette Deutsch

Griechenland
von Martin Pristl

Hamburg
von Stefan Beuse

Indien
von Ilija Trojanow

Irland
von Ralf Sotscheck

Italien
von Henning Klüver

Japan
von Gerhard Dambmann

Kalifornien
von Heinrich Wefing

Katalonien
von Michael Ebmeyer

Kathmandu und Nepal
**von Christian Kracht
und Eckhart Nickel**

Köln
von Reinhold Neven Du Mont

Leipzig
von Bernd-Lutz Lange

London
von Ronald Reng

Mallorca
von Wolfram Bickerich

München
von Thomas Grasberger

Moskau
von Matthias Schepp

Neapel und die
Amalfi-Küste
von Maria Carmen Morese

New York
von Verena Lueken

Niederbayern
von Teja Fiedler

Nizza und
die Côte d'Azur
von Jens Rosteck

Norwegen
von Ebba D. Drolshagen

Österreich
von Heinrich Steinfest

Paris
von Edmund White

Polen
von Radek Knapp

Portugal
von Eckhart Nickel

Rom
von Birgit Schönau

das Ruhrgebiet
von Peter Erik Hillenbach

Salzburg und
das Salzburger Land
von Adrian Seidelbast

Schottland
von Heinz Ohff

Schwaben
von Anton Hunger

Schweden
von Antje Rávic Strubel

die Schweiz
von Thomas Küng

Sizilien
von Constanze Neumann

Spanien
von Paul Ingendaay

Südfrankreich
von Birgit Vanderbeke

Südtirol
von Reinhold Messner

Tibet
von Uli Franz

die Toskana
von Barbara Bronnen

Tschechien und Prag
von Jiří Gruša

die Türkei
von Iris Alanyali

Umbrien
von Patricia Clough

die USA
von Adriano Sack

den Vatikan
von Rainer Stephan

Venedig
von Dorette Deutsch

Wien
von Monika Czernin

PIPER

Michael Ebmeyer
Gebrauchsanweisung
für Katalonien

192 Seiten. Gebunden

Katalonien ist berühmt: für Dalí und Miró, für die Häuser von Gaudí, die Krimis von Montalbán und die Schwarze Madonna von Montserrat. Für kleine Gießkannen, aus denen man Wein trinkt, für zehnstöckige Menschenpyramiden und eine unerschöpfliche Fülle seltsamer Anekdoten. Für sein Unabhängigkeitsstreben, für die katalanische Sprache und für den Widerstand gegen Franco. Für die Costa Brava und die Pyrenäen, für zauberhafte Küstenorte und bizarre Felsmassive – und natürlich für Barcelona, das verspielte Fabelwesen unter den europäischen Metropolen. In Katalonien wurden die Espadrilles und die Crème Brûlée erfunden; hier hat der Welttag des Buches seinen Ursprung und eine köstliche Salami namens »Peitsche« ihre Heimat. Einst ein eigener mächtiger Mittelmeerstaat, dann zwischen Spanien und Frankreich aufgeteilt, ist das nordöstlichste Dreieck der Iberischen Halbinsel ein besonders saftiges, aber schwer durchschaubares Stück vom Paradies. Dieses Buch führt Sie mitten hinein.

PIPER

Merten Worthmann
Gebrauchsanweisung für Barcelona

160 Seiten. Gebunden

Auch wenn sie nicht nur auf dem Fußballfeld mit Madrid konkurriert: Barcelona ist und bleibt die Hauptstadt – von Katalonien! Was macht die Metropole zu Europas Hotspot? Wie traditionell gibt sich Barcelona, wie avantgardistisch; wie katalanisch und wie international? Und wie ißt man hier, zwischen grober Hausmannskost und der futuristischen Küche eines Ferran Adrià? Merten Worthmann kennt die einzigartige Dynamik dieser Stadt. Er nimmt uns mit zur Sagrada Familia, ins Barrio Gótico und zum Parc Güell, die Ramblas entlang, durch das pulsierende Nachtleben, zu den »rasenden Teufeln« und all den anderen Festen des Volkes.

01/1633/01/R

PIPER

Paul Ingendaay
Gebrauchsanweisung für Spanien

191 Seiten. Gebunden

Spanien steckt voller Geheimnisse. Wie, beispielsweise, kommt es zur anhaltenden Liebe der Spanierinnen zum Hausmantel aus Polyester? Warum ist es in Spanien so laut? Und was nur, was macht die geliebte escapada, die Flucht ins Wochenendhaus auf dem Lande, für die Spanier so reizvoll? Spanien muß man erklären – und Paul Ingendaay tut das auf ebenso kenntnisreiche wie amüsante Weise. Dabei erzählt er vom Fußball und von Cervantes, von silbernen Löffeln und deutschen Kolonien, vom Baskenland, Sex und dem traditionellen Stierkampf. Am Ende wird eines ganz klar sein: Spanien ist mehr als nur Küste.

01/1059/02/R